LIVEDABEI

Bernd Flessner

# Kühne Abenteurer und furchtlose Entdecker

*20 spektakuläre Expeditionen rund um den Globus*

JUGEND BROCKHAUS

BELTZ & Gelberg

# Inhaltsverzeichnis

SECTOR

# Hinter den Säulen **des Herakles**

*Entdeckungsfahrten der Phönizier*

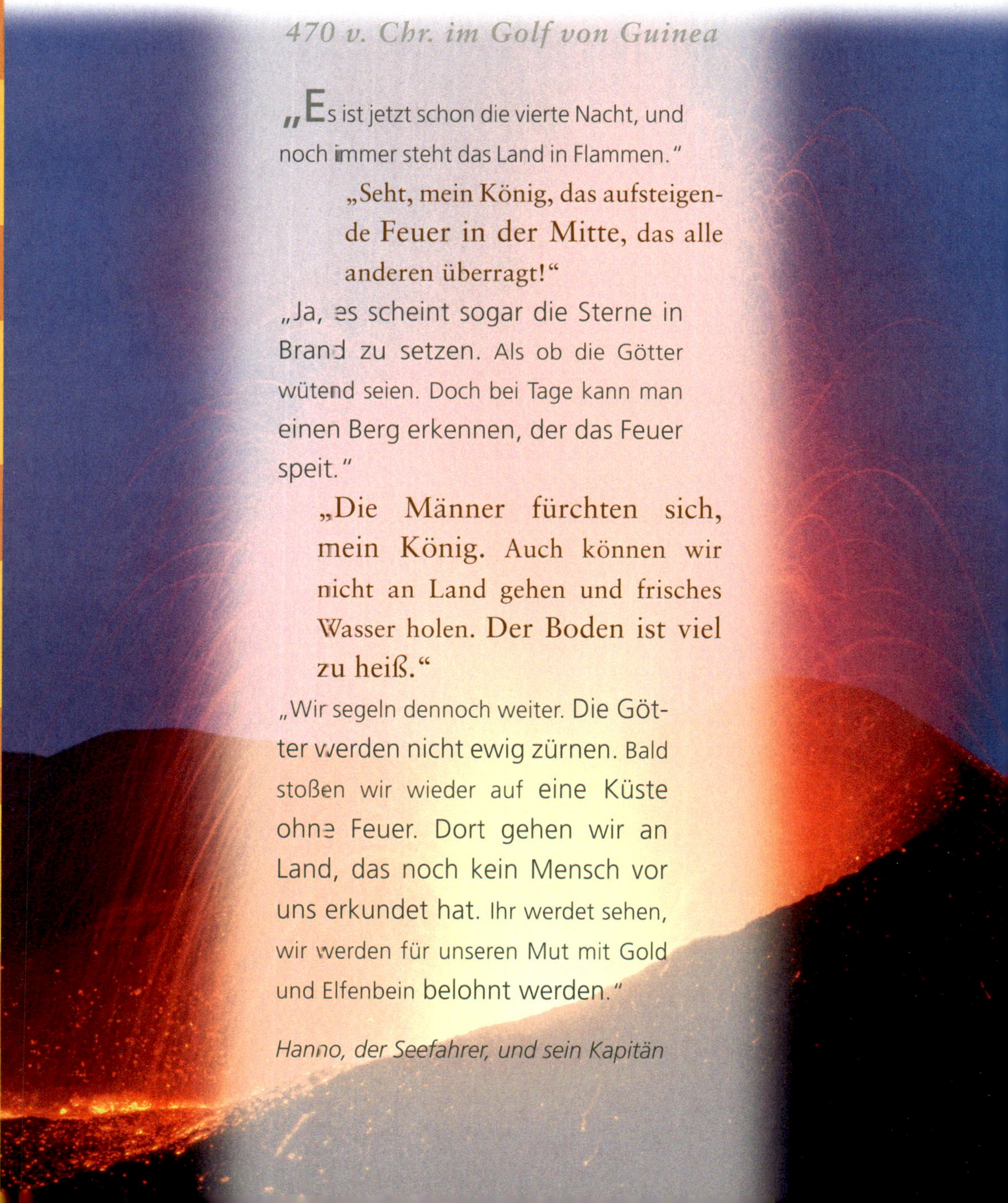

*470 v. Chr. im Golf von Guinea*

„Es ist jetzt schon die vierte Nacht, und noch immer steht das Land in Flammen."

„Seht, mein König, das aufsteigende Feuer in der Mitte, das alle anderen überragt!"

„Ja, es scheint sogar die Sterne in Brand zu setzen. Als ob die Götter wütend seien. Doch bei Tage kann man einen Berg erkennen, der das Feuer speit."

„Die Männer fürchten sich, mein König. Auch können wir nicht an Land gehen und frisches Wasser holen. Der Boden ist viel zu heiß."

„Wir segeln dennoch weiter. Die Götter werden nicht ewig zürnen. Bald stoßen wir wieder auf eine Küste ohne Feuer. Dort gehen wir an Land, das noch kein Mensch vor uns erkundet hat. Ihr werdet sehen, wir werden für unseren Mut mit Gold und Elfenbein belohnt werden."

*Hanno, der Seefahrer, und sein Kapitän*

Um das Jahr 440 v. Chr. wird in Karthago Hanno geboren. Als Phönizier gehört er einem Volk an, das vor etwas mehr als 3000 Jahren im gesamten Mittelmeerraum für seine tüchtigen Seefahrer und Händler bekannt wird. Wie sein stolzer Vater soll auch Hanno später einmal Kapitän werden. Die meisten Städte seines Heimatlandes, die eigene kleine Staaten bilden, liegen im heutigen Libanon. Neben Sidon ist Tyros die größte und mächtigste Stadt. Es bestehen aber auch Kolonien in Spanien, Portugal und auf Sizilien. Die bedeutendste Kolonie ist Karthago im heutigen Tunesien. Ihren Namen verdanken die Phönizier ihren außergewöhnlich guten Handwerkern, die im Mittelmeer **Purpurschnecken** fangen, um Stoffe zu färben. Vor allem die Herrscher rund ums Mittelmeer schätzen diese einmaligen Stoffe. Da purpurrot auf Griechisch „phoinix" heißt, werden die Handwerker und Händler Phönizier genannt.

Wissen *spezial*

**Woher hat die Purpurschnecke ihren Namen?**
Purpurschnecken sind etwa acht Zentimeter lang und leben im Meer. Sie sondern einen Schleim ab, der den Purpurfarbstoff enthält. Für einen purpurnen Mantel benötigt man viele Tausend Schnecken. Die anfangs grüne Farbe wird erst im Licht langsam dunkelrot.

## Wahre Meister im Schiffsbau

Doch das ist nicht das einzige Handelsgut, mit dem die Phönizier gute Geschäfte machen. Rund um Sidon und Tyros liegen riesige Wälder aus alten Zedern, deren Holz ebenso begehrt ist wie die purpurroten Stoffe. Es wird zum Bau von Schiffen und von Tempeln und Palästen benötigt, denn es ist sehr fest, aber dennoch leicht zu bearbeiten. Wer in Ägypten, Griechenland oder Jerusalem einen Tempel bauen will, bestellt bei den Phöniziern das benötigte Zedernholz. Die Stämme werden natürlich mit Schiffen aus Zedernholz geliefert. Zu jener Zeit gibt es keine

Eine Kultstätte der Phönizier in Karthago

Ein Steinrelief von einem phönizischen Handelsschiff. Das Ruder befand sich seitlich am Heck.

besseren Schiffsbauer und Seefahrer als die Phönizier. Sie entwickeln die ersten wirklich seetüchtigen **Galeeren** und rüsten sie mit einem Rammsporn aus, um feindliche Schiffe versenken zu können. Die phönizischen Schiffe aus Zedernholz sind so gut, dass auch andere Völker wie etwa die Griechen und Perser sie nachbauen. Der große Bedarf an Zedernholz hat jedoch ungeahnte Folgen. Als Alexander der Große 322 v. Chr. Phönizien erobert, ist es fast vollständig abgeholzt. Statt auf ausgedehnte Wälder stößt er auf Steppen und Wüsten. Nur mit Mühe gelingt es ihm, im Hinterland noch genügend Bäume aufzutreiben, um Belagerungsmaschinen und Schiffe bauen zu können.

Wissen spezial

**Was ist eine Galeere?**

Galeeren sind große Kriegsschiffe, die von 60 bis 150 Ruderern angetrieben werden. Die phönizischen Ruderer saßen in zwei Reihen übereinander. So waren die Kriegsschiffe vom Wind unabhängig. Für ihre Handelsfahrten benutzten die Phönizier jedoch Segelschiffe.

## Jenseits der Säulen des Herakles

Die Phönizier bereisen als erstes Volk den ganzen Mittelmeerraum und treiben Handel mit vielen Küstenstädten. Der Mittelmeerraum wird zu dieser Zeit von vielen Völkern als die Welt angesehen. Doch diese Welt ist den Phöniziern eines Tages nicht mehr genug. Sie wollen auch die Küsten erkunden, die jenseits der Säulen des Herakles liegen. So werden die beiden Felsen genannt, die sich an der Meerenge von Gibraltar auf afrikanischer und europäischer Seite erheben.

Hanno, inzwischen König von Karthago, nimmt das Abenteuer an. Um das Jahr 470 v. Chr. sticht er mit 60 Segelschiffen in See, um die afrikanische Westküste zu erkunden. Afrika wird zu dieser Zeit Libyen genannt. Hanno will dort neue Städte gründen und mit anderen Völkern Handel treiben – und natürlich den Griechen die Stirn bieten, die den phönizischen Händlern immer mehr Konkurrenz machen. Die Fahrt ist sehr gefährlich, denn niemand kennt die atlantischen Strömungen und Winde. Zwar gibt es einige Berichte von mutigen Seefahrern, die sich in einem Sturm verirrt hatten, aber diese Beschreibungen sind sehr ungenau. Es wagen sich nur die unerschrockensten Männer mit ihm an Bord.

Als Hanno die Felsen von Gibraltar passiert, blickt er gebannt auf den Atlantik, der bis zum Horizont reicht. Kein Phönizier hat es vor ihm

Die Flagge der Libanesischen Republik zeigt die Libanonzeder, die einst das wichtigste Handelsgut der Phönizier war.

Der Felsen von Gibraltar bildete eine der Säulen des Herakles.

Auf seiner Reise entdeckte Hanno riesige Elefantenherden.

gewagt, das unbekannte Meer zu befahren. Hanno segelt immer in Sichtweite der Küste, um nicht die Orientierung zu verlieren. Damit seine Erlebnisse und Entdeckungen nicht in Vergessenheit geraten, schreibt er einen Bericht. Wie ein wissenshungriger Forscher vermerkt er jeden Berg und jeden Fluss, den sie voller Neugier ein paar Seemeilen hinaufsegeln, und er beschreibt die Tiere, die er an den Flüssen antrifft. An ihren Ufern tummeln sich Krokodile, Flusspferde und Elefanten.

Elfenbein war ein begehrtes Handelsgut, aus dem vor allem Schmuck gefertigt wurde.

## Handel treiben ohne Worte

Hanno wundert sich auf seiner Reise über das Aussehen und Verhalten der Menschen, denen er begegnet. Sie tragen Kleider aus Fellen und bewerfen seine Schiffe mit Stei-

Ein Fabeltier aus Elfenbein, das von einem phönizischen Künstler geschnitzt wurde

nen, sodass die Seeleute nicht an Land gehen können. Nicht immer scheint er in den fremden Gewässern willkommen zu sein. Trotzdem versucht er, an der Westküste Afrikas Handel zu treiben. Wie soll das funktionieren, wenn man die Sprache der Menschen dort nicht versteht? Die Phönizier wenden eine einfache Methode an, die sich schon oft bewährt hat: Sie legen an den Strand Waren, die sie tauschen möchten, etwa Stoffe und **Metallwerkzeuge**. Dann entfachen sie ein Signalfeuer, rudern zurück und warten, bis sich Menschen am Strand zeigen. Ohne ein Gespräch geführt zu haben, so berichten die Phönizier, verstehen viele fremde Völker dieses Angebot und hinterlegen am Strand Elfenbein und andere Handelsgüter. Erst dann nehmen sie die Waren und ziehen sich zurück, damit die Seeleute die Tauschobjekte ohne Furcht holen können.

Hannos Reise geht weiter: Vor der Küste Kameruns packt ihn die Angst. Der Himmel strahlt leuchtend rot. Glühende Lava bringt das Meer zum Kochen. Der Kamerunberg, der höchste Vulkan Westafrikas, speit Feuer und macht die Nacht zum Tag. Gebannt und verängstigt verfolgt die Mannschaft das Naturschauspiel. Es ist unmöglich, an Land zu gehen, denn selbst der vom Meerwasser überspülte Strand ist zu heiß. Die Welt scheint hier zu Ende zu sein. Trotzdem segelt Hanno weiter und erreicht mit seinen Leuten schließlich den Golf von Guinea. Da den Seefahrern die Lebensmittel ausgehen, müssen sie umkehren. Doch bald schon folgen ihnen die Händler und tauschen an den erforschten Stränden nach der bewährten Methode ihre Waren.

**Wissen spezial**

**Handelsgut: Metallwerkzeug**

Werkzeuge aus Metall wurden nur in Nordafrika, nicht aber in Schwarzafrika hergestellt. Klingen, Messer und Beile aus Bronze oder Eisen waren also ein begehrtes Handelsgut, für das die phönizischen Händler große Mengen an Fellen, Elfenbein und Gold erhielten.

Glühende Lava fließt ins Meer.

## Die neuen Handelswege bleiben geheim

Hanno ist nicht der einzige Seefahrer, der wissen will, was jenseits der Säulen des Herakles zu entdecken ist. Trotz Hannos Berichten von Vulkanausbrüchen und tosenden Stürmen auf hoher See bricht nur wenige Jahre später Himilco von Karthago aus auf und segelt an der portugiesischen Küste entlang nach Norden. Auch er will neue Seewege erkunden und Handel treiben. Er sucht jedoch nicht Elfenbein, sondern Zinn, das dringend benötigt wird, um **Bronze** herzustellen. An der Nordküste Spaniens und an der Küste Südenglands wird er fündig, denn dort wird in Bergwerken Zinnerz abgebaut.

Die Meerenge von Gibraltar trug in der Antike den Namen „Säulen des Herakles".

Nach all ihren Entdeckungsreisen wissen die Phönizier am Ende von Handelswegen, die den Griechen gänzlich unbekannt sind. Das soll natürlich auch so bleiben. Deshalb setzen sie ihre Flotte ein, um die Straße von Gibraltar zu sperren. Niemand außer ihnen kann damit nach Westafrika oder England segeln. So bleibt den Griechen der Atlantik verborgen, in dem sie das versunkene **Atlantis** und weitere Geheimnisse vermuten. Ihre Fahrten beschränken sich auf das Mittelmeer, vor allem auf die Ägäis. Dort gründen sie auf vielen Inseln Städte und Kolonien. Auch in Süditalien, auf Sizilien, in Spanien, Südfrankreich und in Kleinasien errichten sie Handelsniederlassungen. Im 5. Jahrhundert v. Chr. steigen sie zur mächtigsten Seemacht im Mittelmeerraum auf. Die Straße von Gibraltar aber bleibt ihnen dauerhaft verwehrt.

**Wissen spezial**

**Wie entsteht Bronze?**

Bronze ist eine Legierung aus Zinn und Kupfer und gab der Bronzezeit ihren Namen. Sie dauerte in Europa und Nordafrika von etwa 3500 bis 1000 v. Chr. Doch auch während der folgenden Eisenzeit wurden noch viele Gegenstände aus Bronze hergestellt.

**Thema** **Versunken im Meer – das sagenhafte Atlantis**

*Der griechische Philosoph Platon (427–347 v. Chr.) hat seine politischen Theorien gerne mit anschaulichen Geschichten belegt, die er selbst erfunden hat. Eine dieser Geschichten handelt von Atlantis, einem mächtigen Inselstaat, der vor langer Zeit im Meer versunken ist. Für den Untergang sind Götter verantwortlich, die den Hochmut der Bürger von Atlantis bestrafen wollten. Manche Forscher glauben, dass die Geschichte von Atlantis einen wahren Kern hat, und haben Atlantis auf der ganzen Erde gesucht.*

# **Im Reich** der aufgehenden Sonne

*Marco Polo bereist Asien*

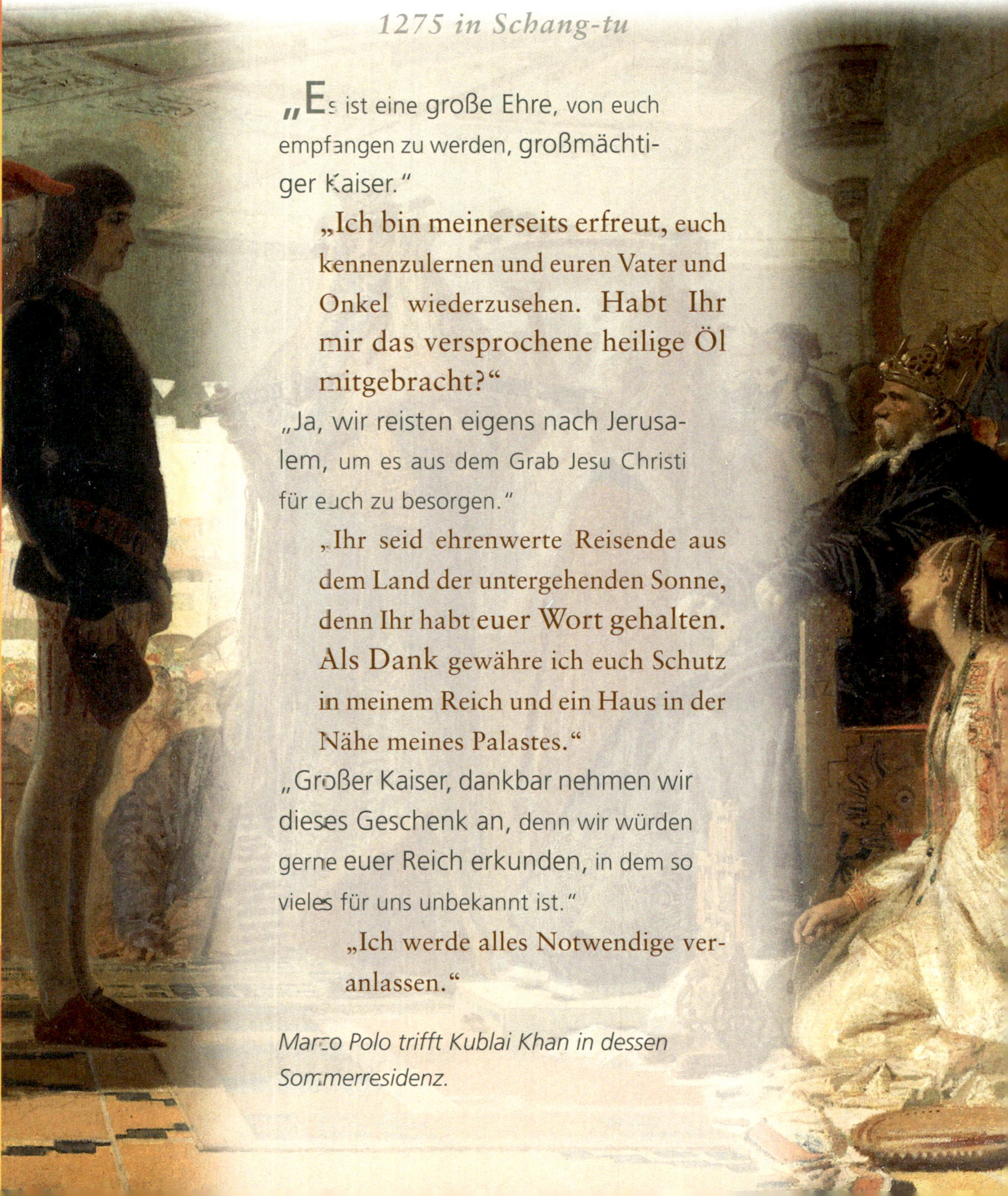

*1275 in Schang-tu*

„Es ist eine große Ehre, von euch empfangen zu werden, großmächtiger Kaiser."

„Ich bin meinerseits erfreut, euch kennenzulernen und euren Vater und Onkel wiederzusehen. Habt Ihr mir das versprochene heilige Öl mitgebracht?"

„Ja, wir reisten eigens nach Jerusalem, um es aus dem Grab Jesu Christi für euch zu besorgen."

„Ihr seid ehrenwerte Reisende aus dem Land der untergehenden Sonne, denn Ihr habt euer Wort gehalten. Als Dank gewähre ich euch Schutz in meinem Reich und ein Haus in der Nähe meines Palastes."

„Großer Kaiser, dankbar nehmen wir dieses Geschenk an, denn wir würden gerne euer Reich erkunden, in dem so vieles für uns unbekannt ist."

„Ich werde alles Notwendige veranlassen."

*Marco Polo trifft Kublai Khan in dessen Sommerresidenz.*

Um das Jahr 1254 wird der venezianische Edelsteinhändler Niccolò Polo Vater eines Sohnes, den er Marco nennt. Als Marco sechs Jahre alt ist, verlassen sein Vater und sein Onkel Maffeo die Stadt, um in einigen Ländern Asiens mit Edelsteinen zu handeln. Mehrmals müssen sie ihre Reiseroute ändern, denn Schneestürme, Kriege oder unpassierbare Wüsten verzögern die Weiterfahrt. Außerdem lauern immer wieder Räuber den Händlern auf. Ihre Reise ist ein großes Wagnis. China ist für europäische Völker zwar ein bekanntes, aber weitgehend unerforschtes Land.

Niccolò und Maffeo Polo: Abschied von Venedig

## Gefahrvolle Seidenstraße

Immer wieder berichten Geschichtsschreiber von dem fernen Reich, wie etwa der Grieche Herodot (um 484–424 v. Chr.). Er beschreibt verschiedene Stationen auf dem langen Weg quer durch Asien. Herodot reist zwar sehr viel, doch bis nach China gelangt er nicht. Sein ganzes Wissen stammt von anderen Reisenden, die wiederum berichten, was sie von Händlern erfahren haben. Kaum einem Mutigen gelingt es, den gesamten Weg von Europa nach China zurückzulegen. Es gibt einen Handelsweg, der Seidenstraße genannt wird, doch kennt jeder Händler immer nur einen Teil der mehr als 7000 Kilometer langen und gefahrvollen Strecke, die durch trockene Wüsten und über hohe Pässe führt. Ein Händler bringt seine Waren lediglich bis zur nächsten Handelsstation, wo er sie gegen neue Waren eintauscht. So gelangen Gold, Edelsteine und andere Waren nach China.

Herodot notiert erstes Wissen über Asien.

Die Seidenstraße führte auch durch schwer zu überwindende Wüsten.

während Gewürze und **Seide** nach Europa kommen. In Europa hört man nur ganz selten von Berichten arabischer Händler oder christlicher Missionare, wie etwa von Wilhelm von Rubruk, die den weiten Weg gewagt und überlebt haben.

**Wissen *spezial***

**Wie wird Seide hergestellt?**

Echte Seide stammt von einem Schmetterling. Sie wird aus den Fäden gewonnen, in die sich die Raupen des Seidenspinners zum Verpuppen einspinnen. Der kostbare Stoff aus China war ein begehrtes Handelsgut. Der Handelsweg nach Europa wurde Seidenstraße genannt.

## Audienz bei Kaiser Kublai Khan

Trotz aller Gefahren erreichen die Polos sechs Jahre nach ihrer Abreise Peking und werden dort von Kaiser Kublai Khan empfangen. Der Herrscher übergibt den Fremden eine Grußbotschaft an Papst Gregor X. und äußert die Bitte, die venezianischen Händler mögen ihm heiliges Öl aus Jerusalem beschaffen. Die Brüder Polo kehren nach Venedig zurück und bereiten umgehend eine neue Reise vor. Da Marco Polo 1271 bereits 17 Jahre alt ist, nehmen sie ihn mit auf ihr Abenteuer. Sie machen Rast in verschiedenen Städten, deren fremdartige Gebäude einen tiefen Eindruck bei Marco Polo hinterlassen. Vor allem die unbekannten Gewürze und die ungewohnt glänzenden Stoffe haben es ihm angetan. Zum ersten Mal sieht er auch **buddhistische Mönche**, die ein ganz anderes Leben führen als christliche Mönche in Europa.

Nach einer beschwerlichen Reise betreten die Polos 1275 endlich die Stadt Schang-tu in der östlichen Mongolei, in der Kublai Khan während des Sommers residiert. Der Kaiser ist so beeindruckt von Niccolòs neugierigem Sohn, dass er ihn zu einem hohen Hofbeamten ernennt. Marco Polo ist ebenfalls begeistert von dem Kaiser: „Er ist der größte Herrscher, der jemals auf dieser Welt geboren wurde.“ Mit allen Vollmachten ausgestattet, kann Marco Polo nun jeden Winkel des riesigen Landes erforschen, wie dies vor ihm noch kein Europäer getan hat. Er bewundert die prachtvollen Paläste, die grö-

**Wissen spezial**

**Was ist Buddhismus?**

Der Buddhismus ist eine Religion, die von dem indischen Prinzen Siddharta Gautama (563–483 v. Chr.) begründet wurde. Nach langen Wanderjahren nannte er sich Buddha (der Erwachte) und lehrte Bescheidenheit, Gleichheit und Friedfertigkeit.

Stoffe aus Seide waren in Europa heiß begehrt und konnten nur in China hergestellt werden.

ßer sind als alles, was er in Venedig und anderen Städten gesehen hat. Auch das Porzellan und andere Erfindungen der Chinesen bleiben für immer in seiner Erinnerung. Besonders erstaunt ist er über das in Europa noch unbekannte Papiergeld, das in China längst zum Alltag gehört.

Eine Handelsszene in Westasien wie Marco Polo sie schilderte

## Alles nur ein Lügenmärchen?

Im Jahr 1291 machen sich Marco Polo, sein Vater und sein Onkel auf den langen und mühsamen Rückweg und treffen schließlich vier Jahre später wieder in Venedig ein.

Marco Polo diktiert Rustichello da Pisa seinen Reisebericht.

Bald darauf zieht Marco Polo für seine Stadt Venedig in den Krieg und gerät in genuesische Gefangenschaft. Er nutzt die Zeit, um einen Bericht über seine Erlebnisse zu schreiben. Das Werk „**Il Milione**“ wird ein sensationeller Erfolg und bald in ganz Europa gelesen. Allerdings betrachten viele Leser Marco Polos Geschichten mit Skepsis. Schwarze Steine, die die Chinesen aus der Erde holen und die länger brennen als Holz? Da Kohle in Europa noch unbekannt ist, hält man diese und andere Teile seines

Berichts für Lügenmärchen. Dennoch fangen die Menschen an, sich für China zu interessieren. Die Neugierde ist geweckt und sorgt dafür, dass bald weitere Händler und Missionare nach China aufbrechen, um das neue Land zu erkunden.

Im Jahr 1324 stirbt Marco Polo. Heute haben viele Forscher Zweifel daran, ob Marco Polo tatsächlich in China war. Sie glauben, dass er lediglich alte Berichte von arabischen Händlern und reisenden Mönchen abgeschrieben hat. Denn in Marco Polos Bericht fehlen viele Dinge, die einem Europäer mit Sicherheit aufgefallen wären, etwa die chinesische Mauer, das von den Chinesen erfundene Schwarzpulver, die Essstäbchen oder die gedruckten Bücher, die in China bereits üblich waren.

**Wissen spezial**

**Il Milione**

Marco Polos Reisebericht wurde unter dem Titel „Il Milione“ bekannt. Warum, weiß man nicht genau. Die Polos trugen wahrscheinlich den Beinamen „Emilione“, der auf den Reichtum der Familie anspielt. Die Glaubwürdigkeit des Berichts ist bis heute sehr umstritten.

## Ein Mönch als Botschafter

Ein Reisender, der China auf jeden Fall erreicht hat, war der Franziskanermönch Wilhelm von Rubruk (ca. 1215–1270). Von ihm könnte Marco Polo einen Teil seines Wissens haben. Wilhelm stammt aus Frankreich und folgt König Ludwig IX. 1248 auf dem Sechsten Kreuzzug nach Ägypten. Als die Kreuzritter den muslimischen Heeren unterliegen, kommt der König auf

Chinesische Essstäbchen: fremde, asiatische Welt

**Wissen spezial**

**Was ist Airag?**

Airag oder Kumys ist ein Getränk aus vergorener Stutenmilch und gilt als Nationalgetränk der Mongolen. Airag ist sehr gesund und enthält kaum Alkohol. Das Getränk wird jedem Gast zur Begrüßung gereicht, um ihn willkommen zu heißen und zu erfrischen.

die Idee, den mächtigen Herrscher der Mongolen, den Großkhan Mangu, als Verbündeten zu gewinnen. Ludwig IX. hält Wilhelm für den geeigneten Botschafter. Im Jahr 1253 bricht der Mönch in Konstantinopel auf. Er wird von zwei Ordensbrüdern, einem Diener und einem Dolmetscher begleitet. Die kleine Gruppe hat viel Glück: Sie erreicht trotz kleinerer Kriege und Überfällen von Wegelagerern nach einem guten halben Jahr Karakorum, die Stadt am Fuße des Changai-Gebirges in der westlichen Mongolei. Die wenigen Europäer, die bislang diese Stadt betreten haben, waren meist **Kriegsgefangene** der Mongolen. Wilhelm jedoch darf sich frei bewegen. Er wird sogar von Großkhan Mangu persönlich empfangen. Der Herrscher nimmt die Botschaft des Weitgereisten entgegen, verweigert aber die Unterstützung für den König von

**Thema** | **Kriegsgefangene: die Mongolen auf Beutezug**

*Im 13. Jahrhundert eroberten die Mongolen Teile Osteuropas. Der König von Ungarn versuchte, die Goldene Horde, wie die Mongolen genannt wurden, aufzuhalten. Doch wurde er in der Schlacht bei Muhi am 11. April 1241 geschlagen. Die Mongolen nutzten ihre Siege, um Handwerker und gute Arbeiter zu verschleppen. Sie wurden oft in die Stadt Karakorum gebracht. Einer von ihnen war der Goldschmied Guillaume Bocher, der einen silbernen Brunnen für den Khanpalast bauen musste. Diesen Brunnen beschreibt auch Wilhelm von Rubruk.*

Auch heute noch wird in Asien Reis im Terrassenbau gepflanzt.

Frankreich. Wilhelm nutzt trotzdem seinen Aufenthalt in Karakorum: Er führt ausführliche Gespräche mit Anhängern verschiedener Religionen und studiert das Leben der Mongolen. Er lernt, wie wichtig **Airag** ist und wie Reis angebaut wird. Im Sommer 1255 kehrt er ans Mittelmeer zurück und schreibt einen ausführlichen Reisebericht, der schnell in Europa bekannt wird. Zum ersten Mal erfahren nun die Menschen, dass die Mongolen nicht nur wilde Reiter sind, die unter Dschingis Khan ein riesiges Reich erobert haben, sondern auch eine vielseitige Kultur besitzen. Sie erfahren vom prächtigen Palast des Großkhans in Karakorum und von Muslimen, Buddhisten und Christen, die in der Hauptstadt friedlich nebeneinander leben. Von dieser toleranten Lebensweise sind die Europäer selbst noch meilenweit entfernt.

Die Europäer waren von der Kultur der Mongolen tief beeindruckt.

# Die ungewollte **Entdeckung**

## *Kolumbus stößt auf Amerika*

*1492 im Nordatlantik*

„Wenn wir nicht innerhalb der nächsten Stunden Land sichten, weiß ich nicht mehr, wie es weitergehen soll. Die Vorräte sind fast verbraucht. Die Mannschaft steht kurz vor der Meuterei. Immer wieder konnte ich sie durch Versprechungen hinhalten, doch ein weiteres Mal wird mir dies nicht gelingen. Ich bin der Verzweiflung so nahe wie nie zuvor. Da! Auf der Pinta wird die Kanone abgefeuert! Welch eine Befreiung! Dem Himmel sei Dank! Nach über einem Monat auf See! Da, nun kann ich es auch sehen. Ich werde dem Land den Namen San Salvador – Heiliger Erlöser – geben. Es brennen Feuer am Ufer. Wir werden noch heute übersetzen und uns nach Gold und Gewürzen umsehen. Die Portugiesen sind geschlagen, denn bald schon werden die spanischen Schiffe diesen direkten Seeweg perfekt beherrschen.“

*Christoph Kolumbus sichtet Land.*

Im Jahr 1453 erobern die Osmanen Konstantinopel, das heute Istanbul heißt. Sie beherrschen damit das Tor zum Orient. Gewürze und Seide aus China und Indien sind in Europa nun kaum mehr zu bekommen. Die Europäer möchten sich deshalb ihren eigenen Weg nach Osten bahnen. Der italienische Seefahrer Christoph Kolumbus (1451–1506) hat eine ebenso einfache wie geniale Idee. Er will auf direktem Weg über den Atlantik nach **Hinterindien** segeln. „Dort liegt das Paradies auf Erden", glaubt der erfahrene Kapitän und hofft, durch seine Reise ein reicher Mann zu werden. Kolumbus hat jedoch kein Geld, um eine Expedition auszustatten, und so bittet er den König von Portugal um Hilfe. Der lehnt den Plan ab, da seine eigenen Seefahrer bereits einen Seeweg um Afrika erkunden. Kolumbus aber gibt nicht auf und wendet sich an den König von Spanien, der schließlich einwilligt.

**Wissen spezial**

**Wo liegt Hinterindien?**
Kolumbus glaubte nie, Indien erreicht zu haben, sondern Hinterindien. Dazu zählten Gebiete in Südostasien, wie China, Vietnam, Indonesien und andere Länder. Um sich auf die Reise vorzubereiten, hat Kolumbus auch den Bericht über China von Marco Polo gelesen.

## Meuterei an Bord

Am 3. August 1492 sticht Kolumbus mit 90 Mann und drei Schiffen in See, der Santa Maria, der Niña und der Pinta. Mehrfach will die Mannschaft meutern, denn die Reise dauert viel länger, als es Kolumbus versprochen hat. Seinen Berechnungen nach müssen 2400 Seemeilen überwunden werden, in Wahrheit sind es jedoch 10.000. Als eines Tages die Kompassnadel nicht mehr zu funktionieren scheint, wollen die Seeleute umkehren. Immer wieder versucht Kolumbus, seine

Kolumbus tritt vor das spanische Königspaar Ferdinand und Isabella.

Am 3. August 1492 stach Kolumbus mit seinen drei Schiffen in See.

Mannschaft zu beruhigen und deutet jeden Vogel, der über die Schiffe fliegt, als Zeichen für eine nahe Küste. Er verspricht sogar eine Belohung für den Seemann, der als Erster Land sichtet.

## Land in Sicht!

Am 12. Oktober ist es endlich soweit. Ein Kanonenschuss weckt die Mannschaft, die sofort an Deck stürmt, um das unbekannte Land zu bestaunen. Kolumbus glaubt fest daran, eine Insel irgendwo vor Indien erreicht zu haben. Die Inselgruppe heißt heute Westindische Inseln, obwohl sie in der Karibik liegt. Der Name der Inseln leitet sich von dem ursprünglichen Plan der Entdeckungsreisenden ab, die Indien auf dem westlichen Seeweg erreichen wollten.

Kolumbus brachte die Tomate nach Europa.

Die Menschen, die dort leben, nennt Kolumbus Indianer. Mit der Überheblichkeit eines europäischen Kolonialisten betrachtet er sie als zukünftige Sklaven, die viel Geld einbringen sollen. Besonders begeistert ist Kolumbus von dem Gold, das die Indianer als Schmuck verwenden. Als Kolumbus nach Spanien zurückkehrt, erhält er vom König gleich 17 Schiffe und 1500 Mann für eine zweite Expedition. Er erkundet die Inselwelt der Karibik und versklavt viele Indianer, um sie in Europa zu verkaufen. Noch zwei weitere Male segelt Kolumbus nach Amerika, das er nach wie vor für Hinterindien hält, um vor allem eines zu suchen: Gold. In sein Logbuch schreibt er: „Gott helfe mir in seiner Barmherzigkeit, das Gold zu finden. Gold ist höchst vortrefflich. Wer es besitzt, macht mit ihm in der Welt, was er will."

Am 12. Oktober 1492 erreichte Kolumbus die Neue Welt.

Leif Eriksson auf einer stürmischen Überfahrt Richtung Nordamerika

## Die wahren Entdecker Amerikas

Kolumbus ist als der Entdecker Amerikas in die Geschichte eingegangen. Dabei hat ein Volk aus dem hohen Norden bereits 500 Jahre vor ihm die Küsten des neuen Kontinents erreicht: Mit 35 Männern bricht der Wikinger Leif Eriksson (970–1020) um das Jahr 1000 von Grönland auf, um nach Westen zu segeln. Er nimmt Kurs auf ein bisher unbekanntes, dicht bewaldetes Land, von dem der Seefahrer Bjarne Herjulfson berichtet hat. Tatsächlich erreicht er mit seinem **Drachenboot** ohne Probleme die fremde Küste die er Vinland – Weinland – nennt. Hier gehen die Wikinger an Land, um

Ein typisches Wikingerschiff mit Drachenkopf

zu überwintern und einen Stützpunkt für spätere Reisen zu errichten. Immer wieder segeln nun Wikinger zu dem neu entdeckten Kontinent: nach Nordamerika. Sie gründen Siedlungen, erkunden das Land, schlagen Holz oder jagen Tiere. Sie treiben sogar Handel mit den Indianern, die sie Skrälinger nennen. Doch nicht alle Indianer sind friedlich. Eines Tages überfallen sie die kleinen Siedlungen, in denen rund 60 Wikinger leben. Nach schweren Verlusten geben die Wikinger auf und kehren nach Grönland zurück. Jetzt kommen sie nur noch ab und zu, um Holz zu holen. Dass sie einen neuen Erdteil jenseits des Atlantiks entdeckt haben, wird in Europa jedoch nicht bekannt.

**Wissen spezial**

**Drachenboote**

Das Drachenboot Leif Erikssons war 25 Meter lang und etwa doppelt so schnell wie die Schiffe von Kolumbus. Ihren Namen verdanken die Schiffe den Drachenköpfen am Bug. Ein Drachenboot hatte einen Mast und ein großes Segel. Zudem konnte es gerudert werden.

## Die große Gier nach Gold

Kolumbus dagegen wird nach seiner Rückkehr als Held gefeiert. Wie ein Lauffeuer verbreitet sich die Nachricht seiner erfolgreichen Reise. Vor allem das Gold, von dem er spricht, ist für Spanien und ganz Europa eine riesige Verlockung. Immer mehr Eroberer und Goldsucher segeln nun über den Atlantik, um mächtig und reich zu werden. Einer von ihnen ist der Spanier Hernán Cortés (1485–1547), der 1519 mit 600 Soldaten Kurs auf Mexiko nimmt. Dort verbündet er sich mit kleineren Indianerstämmen und erobert das Reich der Azteken. Cortés ist ein rücksichtsloser Kämpfer, der sich nicht für die Kultur der Indianer interessiert und

Mit Edelsteinen besetzte Goldmaske der Azteken

Wissen spezial

**Geheimnisvolles Eldorado**
Eldorado ist der Name eines sagenhaften Landes mit unvorstellbaren Goldvorkommen. Im 16. Jahrhundert gab es immer wieder Reisende, die von Eldorado berichteten, sodass sich viele spanische Eroberer auf die Suche machten – allerdings blieben sie erfolglos.

Tausende von ihnen tötet. Die aztekische Hauptstadt **Tenochtitlán**, eine der prächtigsten Städte der Welt, wird vollkommen zerstört. Ein überlebender Azteke berichtet später über die Besessenheit der Eroberer: „Wie Affen griffen die Spanier nach dem Golde, denn danach dürsten sie sehr, sie verlangen danach, sie hungern danach, suchen das Gold wie Schweine." Noch größer wird die Gier und die Rücksichtslosigkeit gegenüber den Indianern, als die Spanier die Sage vom schwerreichen Land **Eldorado** hören, das in Südamerika liegen soll.

Thema | Tenochtitlán – im Reich der Azteken

*Als Hernán Cortés Tenochtitlán sieht, ist er überwältigt. Die Hauptstadt des Aztekenreiches wurde um 1350 auf einer Insel im Texcocosee errichtet und war durch drei Dämme mit dem Festland verbunden. Das Zentrum bildete ein riesiger Tempelbezirk mit einer Pyramide als höchstem Gebäude. Als die Spanier die Stadt 1521 eroberten, lebten rund 100.000 Menschen in Tenochtitlán. Die Spanier töteten einen Großteil von ihnen und zerstörten alle Gebäude, um auf den Ruinen ihre Hauptstadt Mexiko-City zu errichten.*

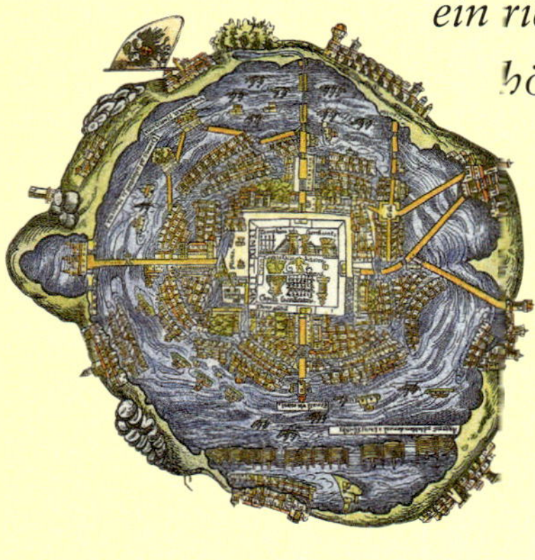

## Neuem Wissen auf der Spur

Im Jahr 1799 bricht erneut ein Entdecker nach Amerika auf, diesmal jedoch nicht, um Gold zu suchen, sondern Wissen. Friedrich Alexander von Humboldt (1769–1859) stammt aus Berlin und hat sich viele Jahre auf seine Forschungsreise vorbereitet. Begleitet wird er von dem Franzosen Aimé Bonpland (1773–1858), einem Mediziner und Biologen. Die beiden Reisenden zahlen ihre Expedition aus eigener Tasche. Sie haben sich mehr als 40 Messinstrumente selbst angeschafft, darunter ein **Hygrometer** sowie einen Sextanten. Ihre Expedition beginnt in Venezuela. Mit einfachen Booten befahren sie zunächst den Orinoko und andere Flüsse. Dabei sammeln und bestimmen sie Pflanzen und Tiere. Fasziniert sind sie von den Ruinen alter Inkasiedlungen und studieren ausführlich die Geschichte der Indianer. Es gibt kaum etwas, das den beiden Forschern entgeht. Als sie 1804 nach Europa zurückkehren, haben sie mehr Wissen über Süd- und Mittelamerika gesammelt als je ein Mensch zuvor. Alexander von Humboldt benötigt 30 Bände, um alle Ergebnisse aufzuschreiben und zu veröffentlichen. An Gold und Macht aber hatten er und sein Partner kein Interesse.

Alexander von Humboldt und Aimé Bonpland überprüfen am Orinoko ihre Messgeräte.

**Wissen spezial**

**Was ist ein Hygrometer?**
Ein Hygrometer ist ein Messinstrument, mit dem die Luftfeuchtigkeit – also die Menge des Wasserdampfes in der Luft – gemessen wird. Alexander von Humboldt hat es mitgenommen, um es im Dschungel einzusetzen. Dort ist die Luftfeuchtigkeit außergewöhnlich hoch.

# **Magellans** Durchbruch

*Kleine Geschichte der Weltumsegelungen*

*1520 vor Feuerland*

„Was denkt Ihr, Steuermann, ist dies endlich die Passage ins Südmeer? Oder wieder nur eine Bucht?"

„Die Küste sieht aus wie die einer Bucht. Doch wird das Schiff von einer Strömung getragen. Das Ruder reagiert träge."

„Das ist ein gutes Zeichen. Buchten haben wir zur Genüge entdeckt. Es muss diese Passage geben, und wenn wir noch weiter nach Süden segeln müssen. Wir werden sie finden!"

„Seht, Kapitän! Steuerbord voraus! Die Felsen weichen! Dies ist mit Sicherheit keine Bucht!"

„Ihr habt recht. Endlich! Es ist die Passage! Sie teilt sich auf. Ich kann verschiedene Arme erkennen."

„Wir werden ein Boot aussetzen, das die Durchfahrt erkunden soll. Spürt ihr das Nachlassen des Windes? Ja, das ist die Passage! Wir haben es geschafft!"

*Ferdinand Magellan und sein Steuermann*

Der Portugiese Ferdinand Magellan (1480–1521) ist ein verwegener und eigenwilliger Kapitän. Da er immer wieder Befehle des portugiesischen Königs missachtet, muss er schließlich mit 37 Jahren die Flotte verlassen. Dabei hatte er gerade ein neues Ziel ins Auge gefasst. Im Flottenkommando war ihm nämlich eine geheime Karte von Südamerika aufgefallen, die Hinweise auf eine Passage zwischen Atlantik und Pazifik enthielt. Eigentlich gilt als sicher, dass Nord-, Mittel- und Südamerika wie eine Mauer von Nord nach Süd verlaufen und keine Durchfahrt möglich ist. „Wenn es aber diese Passage doch gibt“, denkt sich Magellan, „könnte man, wie Kolumbus es geplant hatte, einen Seeweg gen Westen nach Indien finden.“ Diese Idee lässt ihn nicht mehr los. Doch wer soll ihm Schiffe und eine Mannschaft geben? Magellan gelingt es, den König von Spanien von seiner Idee zu überzeugen, indem er ihm neue Handelsverträge und große Gewinne verspricht.

Ferdinand Magellan: Seefahrer mit großen Plänen

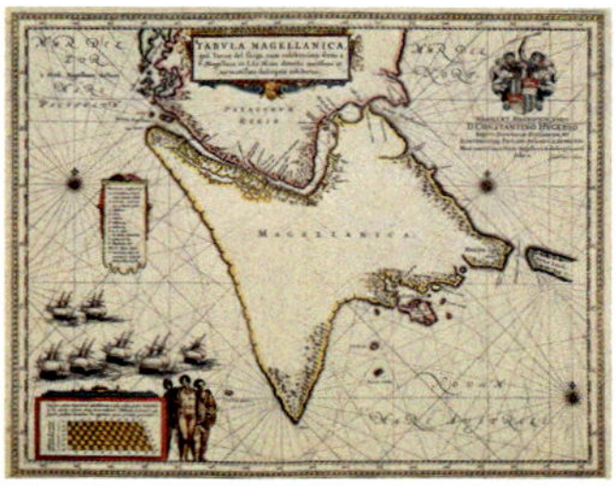

Auf einer Karte wurde Magellans Route festgehalten.

## Wieder nur eine Bucht

Am 10. August 1519 sticht er mit fünf **Karacken** in See und überquert zunächst den Atlantik. Die Portugiesen haben von seinem Vorhaben erfahren, das sie unbedingt verhindern wollen. Der portugiesische König alarmiert seine Flotte, allerdings können die Kapitäne die fünf spanischen Schiffe nicht finden. Ungestört erreicht Magellan Südamerika und segelt langsam an der Küste entlang nach Süden. Auf keinen Fall will er die Passage verpassen. Bei jeder Bucht, die in Sicht kommt, jubelt die Mannschaft.

**Wissen spezial**

**Was ist eine Karacke?**
Eine Karacke ist ein Segelschiff mit drei Masten, das bereits im 14. Jahrhundert für Hochseefahrten eingesetzt wurde. Manche waren bis zu 40 Meter lang. Auf den Mastspitzen befanden sich sogenannte Krähennester als Ausguck.

Die Bucht des Rio de la Plata war nicht die gesuchte Passage.

Doch die Bucht von Rio de Janeiro oder die Mündung des Rio de la Plata, die Magellan für mögliche Einfahrten in die Passage gehalten hatte, führen nicht zum Ziel. Mehrfach meutert die Mannschaft. Magellan kann die Unruhen nur mit Waffengewalt niederschlagen. Nach einer weiteren Meuterei gelingt einem Schiff dennoch die Flucht, ein anderes erleidet Schiffbruch.

## Der Durchbruch

Während eines Sturms tief im Süden können sich die letzten drei Schiffe gerade noch in eine schützende Bucht retten. Da bemerkt Magellan, dass die Bucht immer tiefer ins Land hineinführt. Sein Herz beginnt, wie wild zu schlagen: „Sollte diese rettende Bucht nach all den Strapazen am Ende gar die Durchfahrt sein?“

In Feuerland mit seinen vielen und tiefen Buchten musste Magellan lange nach der Durchfahrt suchen.

Er segelt weiter und findet tatsächlich die so lange gesuchte Passage, die seinen Namen erhält: Magellanstraße. Da die Seeleute in der Nacht Feuer brennen sehen, nennen sie das unbekannte Land „Feuerland“. Das Südmeer, das sie nach der Durchfahrt am 28. November 1520 erreichen, ist so ruhig, dass Magellan es Pazifischen Ozean – Friedlichen Ozean – tauft. Er glaubt, die Gewürzinseln und Hinterindien nun bald zu erreichen, doch wie Kolumbus unterschätzt auch er die Entfernungen und benötigt für die Überfahrt mehr als drei Monate. Viele Seeleute erkranken an **Skorbut** und sterben. Erst auf den Marianeninseln, die zwischen Japan und Australien liegen, können sie sich wieder mit frischen Lebensmitteln eindecken, bevor sie zu den Philippinen weitersegeln.

Als die Seeleute auf der Insel Mactan landen, kommt es plötzlich zu einem Streit zwischen Magellan und dem dortigen Häuptling Lapu-Lapu. Der Streit eskaliert, und Lapu-Lapu, der ein hervorragender Schwertkämpfer ist, tötet den Seefahrer. Nach weiteren Verlusten kehrt am 6. September 1522 nur ein Schiff mit 18 Männern an Bord nach Spanien zurück. Dennoch ist der Jubel groß: Zum ersten Mal war es gelungen, die Welt zu umsegeln und ihre wahre Größe zu erkennen. Magellans Männer haben bewiesen, dass die Welt endlich ist. Weiter, als einmal um die Erde, konnte man nicht fahren. Doch warum schreibt die Mannschaft laut Logbuch bei ihrer Ankunft erst den

**Wissen spezial**

**Wie bekommt man Skorbut?**

Skorbut ist eine Krankheit, die durch den Mangel an Vitamin C ausgelöst wird. Da man im Mittelalter noch keine Lebensmittel konservieren konnte, aßen Seeleute nur Pökelfleisch und Zwieback, aber kein Obst und keine Früchte. Skorbut kann zum Tode führen.

Magellan stirbt auf der Insel Mactan.

Die „Victoria" war das einzige Schiff aus Magellans Flotte, das nach Spanien zurückkehrte.

5. September? Das Rätsel ist bald gelöst. Einige Naturforscher vermuten, dass auf der Erde offenbar unterschiedliche Tageszeiten gelten und deshalb eine **Datumsgrenze** eingeführt werden muss, um einen auf der ganzen Welt gültigen Kalender zu erhalten.

## Piratenschiff mit geheimem Ziel

Über 50 Jahre später, am 13. Dezember 1577, sticht der berühmte Freibeuter Francis Drake (1540–1596) mit fünf Schiffen und über 150 Mann in Plymouth in See. Drake ist kein wilder Pirat, der fremde Schiffe überfällt, sondern er bekämpft im Auftrag der englischen Königin die Spanier. Sein Ziel ist geheim. Einige seiner Seeleute glauben jedoch zu wissen, dass er sich auf die Suche nach dem noch un-

Francis Drake war ein treuer Diener von Königin Elisabeth I.

Eisberge versperrten Drake den Weg zur Nordwestpassage.

bekannten Südland, dem Terra australis incognita, begeben will. Auch Drake segelt, wie Magellan, an der Ostküste Südamerikas entlang nach Süden und erreicht schließlich die Magellanstraße. In einem Sturm verirrt sich eines seiner Schiffe. Drake macht sich mit seinem Flaggschiff „Golden Hinde" auf die Suche und entdeckt dabei, dass die südliche Küste der Magellanstraße nicht Teil des gesuchten Südlandes ist, sondern nur eine Insel. An der Westküste Südamerikas segelt der Freibeuter nach Norden und kapert mehrere spanische Schiffe, die Gold geladen haben. Die spanischen Gefangenen behandelt er immer höflich. Er befreit deren afrikanische Sklaven, von denen einige freiwillig als Seeleute bei ihm an Bord bleiben. Drake überlegt, wie er wieder nach England zurückkehren soll. Von der Magellanstraße ist er inzwischen mehrere Tausend Seemeilen entfernt. Also beschließt er, weiter nach Norden zu segeln,

**Wissen *spezial***

**Wo liegt die Datumsgrenze?**
Die Erde ist in 24 Zeitzonen aufgeteilt. Je weiter man von Europa aus nach Osten geht, umso später ist es. An der Datumsgrenze ändert sich das Datum. Sie liegt in der Nähe des 180. Längengrades im Pazifik und gilt seit 1845.

Kompass von Francis Drake

Wissen spezial

**Die Nordwestpassage**
Seit 1522 suchten Seefahrer den nördlichen Seeweg vom Pazifik in den Atlantik, die Nordwestpassage. Sie wurde erst 1850 von Robert John Le Mesurier McClure (1807–1873) entdeckt. Die meist stark vereiste Passage können Schiffe jedoch nur selten nutzen.

um vielleicht die **Nordwestpassage** zu finden. Doch als die Temperaturen immer weiter fallen und die Taue einfrieren, gibt er das Vorhaben auf und wählt den Weg über den Pazifik. Aus der Kaperfahrt wird somit eine Weltumsegelung. Im Gegensatz zu Magellan hat Drake eine erfahrene und treue Besatzung. Meutereien gibt es bei ihm nicht. Auch im Umgang mit Ureinwohnern, auf die sie in Kalifornien und auf verschiedenen Inseln treffen, sind seine Männer vorsichtiger und behandeln sie menschenwürdig. So erreichen sie ohne große Konflikte nach genau 1018 Tagen am 26. September 1580 England. Dort wird ihre Reise als Sensation gefeiert. Die englische Königin Elisabeth I. sorgt sogar dafür, dass der ihr treu ergebene Freibeuter Francis Drake zum Ritter geschlagen wird.

**Thema** In 80 Tagen um die Welt

*Im Jahr 1870 vollbrachte der Amerikaner George Francis Train (1829–1904) etwas bis dahin Unvorstellbares. In nur 80 Tagen reiste er einmal um die Welt. Diese Sensation begeisterte den französischen Schriftsteller Jules Verne (1865–1905) so sehr, dass er sie als Vorlage für seinen Roman „In 80 Tagen um die Welt“ nahm, der im Jahr 1873 erschien. Sein Weltreisender heißt Phileas Fogg, ein verschrobener Engländer, der sein ganzes Vermögen auf die Reise wettet und am Ende nur gewinnt, weil er die Datumsgrenze vergisst und so einen zusätzlichen Tag zur Verfügung hat.*

Für seine Taten wurde Francis Drake von der Königin geadelt und durfte sich fortan Sir nennen.

## Die Welt wird immer kleiner

Thomas Cavendish (1555–1592), ein anderer englischer Seefahrer, nutzt die Erfahrungen Sir Francis Drakes für die dritte Weltumsegelung der Geschichte. Er bricht 1586 auf und benötigt nur noch zwei Jahre. Wieder wird die Erde ein bisschen kleiner. Keine 200 Jahre später geht es nicht mehr um Jahre oder Monate, sondern nur noch um Tage. „**In 80 Tagen um die Welt**" wird einer der größten Erfolgsromane von Jules Verne, der die Leser vergessen lässt, was Magellan und Drake auf sich nehmen mussten.

# Das geheimnisvolle **Südland**

*Europäer suchen den Kontinent am Ende der Welt*

*1606 vor der Küste Australiens*

„Was für ein sonderbares Land. Voller Sümpfe und merkwürdiger Pflanzen. Überall lauern Krokodile. Es wird Stunden dauern, bis wir einen Pfad oder ein Dorf finden. Hoffentlich sind uns die Menschen hier freundlich gesonnen. Welche Gewürze und Stoffe mögen sie uns wohl anbieten? Halt, was sind das für seltsame Tiere, so etwas habe ich noch nie gesehen. Egal, wir müssen weiter. Schließlich sind wir gekommen, um Handel zu treiben und Verträge zu schließen. Irgendwann werden wir schon auf Menschen treffen. Was ist denn das? Fliegende Stöcke? Alle Mann in Deckung! Da, Jan ist am Kopf getroffen. Wir müssen ihn zurück aufs Schiff bringen. Niemand zu sehen. Die Menschen hier scheinen unsichtbar zu sein. Ein ungastliches Land. Alle Mann zurück an Bord!"

*Kapitän Willem Jansz geht mit seiner Mannschaft an Land.*

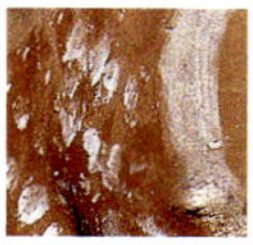

Der Holländer Willem Jansz (1570–1630) ist schon als Kind zur See gefahren. Vom Schiffsjungen arbeitet er sich langsam nach oben. Seine Haut ist schon in jungen Jahren vom Salzwasser gegerbt. Als er 1598 Steuermann an Bord eines großen Handelsschiffes wird, hat er bereits viele Seereisen hinter sich. Vier Jahre später tritt er in die Dienste der Niederländischen Ostindien Kompanie, einer großen Handelsorganisation, deren Zentrale sich in Amsterdam befindet. Der wichtigste Außenposten der Kompanie ist die Hafenstadt Batavia, die heute Jakarta heißt und die Hauptstadt von Indonesien ist. Zudem gibt es zahlreiche Niederlassungen in Indien und Südostasien, wo vor allem Gewürze eingekauft werden. Denn Gewürze aus dem Fernen Osten sind in Europa sehr beliebt, und man kann viel Geld damit verdienen.

Eine Münze der Niederländischen Ostindien Kompanie

## Suche nach dem unbekannten Südland

Im Dezember 1603 wird Willem Jansz zum Kapitän ernannt und erhält das Kommando über ein eigenes Schiff, die „Duyfken“. Da die Niederländische Ostindien Kompanie ständig darum bemüht ist, weitere Niederlassungen in Südostasien zu gründen, erhält auch Jansz den Auftrag, an fremdländischen Küsten neue Handelskontakte aufzubauen. Von der Insel Java aus sticht Jansz in See. Er läuft verschiedene Inseln an, bevor er auf Südkurs geht. Gedankenverloren blickt Jansz auf den unendlichen Ozean: „In diese Meeresregionen haben sich bislang

Jansz' Schiff hieß „Duyfken“, was „Täubchen“ bedeutet.

Ein Händler der Ostindienkompanie raucht Wasserpfeife während einer geschäftlichen Verhandlung.

nur wenige Kapitäne gewagt! Hier werden wir sicher bald auf unbekannte Völker stoßen und kostbare Handelsgüter erwerben." Es ist die Region, in der das legendäre Südland liegen soll, von dem auch Marco Polo berichtet.

Bereits die Griechen vermuteten, dass sich auf der Südhalbkugel ein noch unbekanntes **Terra australis incognita** befinden müsse. Nach der Entdeckung Amerikas und der Umsegelung Afrikas machen sich daher Seefahrer aus verschiedenen Ländern auf die Suche nach dem vermeintlich letzten, noch unbekannten Konti-

**Thema** Terra australis incognita

*Der griechische Naturforscher Ptolemäus (100–175) wusste bereits, dass die Erde eine Kugel ist. Auf der Nordhalbkugel kannte man Europa, Asien und Afrika. Ptolemäus meinte, dass sich auch auf der Südhalbkugel ein großes Land befinden müsste, da sonst das Gleichgewicht der Erde gestört sei. Er nannte es Terra australis incognita („unbekanntes Land im Süden"). Dass es auf der Südhalbkugel tatsächlich die Erdteile Südamerika, Australien und Antarktis gibt, hat jedoch nichts mit dem Erdgleichgewicht zu tun.*

nent. Viele Kapitäne kennen Marco Polos Bericht, der jedoch nicht erklärt, wo genau das Land zu suchen ist. Zahlreiche neue Inseln werden erforscht, darunter Sumatra, Borneo und Neuguinea. Das geheimnisvolle Land auf der Südhalbkugel findet man aber nicht.

Auf den Weltkarten der Antike und des Mittelalters fehlen Amerika, die Antarktis und Australien.

## Land in Sicht!

Im März 1606 taucht vor dem Bug der Duyfken eine unbekannte Küste auf, die auf keiner Seekarte verzeichnet ist. Da die Karten sehr ungenau sind, hält Jansz das Land fälschlicherweise für Neuguinea. Er nimmt eine genaue Messung vor und trägt seine Position in die Karte ein. Dann geht er mit einigen Männern in der Nähe einer Flussmündung an Land. Im dichten Regenwald bleiben die Seeleute oft fasziniert vor fremdartigen Pflanzen stehen oder entdecken eine Tierart, die sie in ihrem Leben zuvor noch nie gesehen haben. Plötzlich fliegen wie aus heiterem Himmel **Bumerangs** durch die Luft. Einer der Männer wird sogar getötet. Aufgebracht kehren Jansz und seine Leuten um und eilen zurück zum Schiff.

Baumkänguru der Kap-York-Halbinsel

**Wissen spezial**

**Bumerang als Waffe?**

Der Bumerang wurde lange Zeit von den Aborigines als Jagdwaffe eingesetzt. Er konnte über einen Meter lang und zwei Kilogramm schwer sein. Ein guter Werfer traf ein Tier in 100 Meter Entfernung.

**Wissen spezial**

**Aborigines**

Die Aborigines sind die Ureinwohner Australiens. Sie sind vor rund 40.000 bis 50.000 Jahren über noch bestehende Landbrücken oder mit Kanus in Australien eingewandert. Da sie keine Ostasiaten sind, vermuten Forscher, dass sie ursprünglich aus Indien stammen.

Dennoch geben sie nicht auf und segeln weiter die Küste entlang. Immer wieder geht Jansz an Land, um es zu kartografieren und Siedlungen zu finden. Doch bei jedem Landgang wird er von **Aborigines** angegriffen, die mehrere seiner Männer töten. Schließlich gibt er auf und segelt enttäuscht zurück nach Holland. Das von ihm entdeckte Land nennt er „Nieu Zeelandt“ (Neuseeland). Der Name hält sich jedoch nicht. Stattdessen wird es bald „Neu Holland“ genannt, da Holländer es waren, die es zuerst erreicht haben. Die von Jansz erkundete Küste gehört zur australischen Kap-York-Halbinsel. Damit ist Willem Jansz der erste Europäer, der nachweislich den neuen Kontinent betreten hat, wie seine Positionsmessungen

Batavia, der Sitz der Ostindien Kompanie

Maori-Krieger aus Neuseeland

Wissen spezial

**Wo leben die Maori?**
Die Maori sind die Ureinwohner Neuseelands. Zwischen dem 8. und dem 14. Jahrhundert sind sie mit hochseetüchtigen Kanus von der polynesischen Inseln aus eingewandert. In kleinen Siedlungen konnten sich die Maori ihre Kultur bis heute bewahren.

beweisen. Auch wenn vor ihm höchstwahrscheinlich schon andere die Küsten Australiens angesteuert haben.

Ein weiterer Holländer, Abel Tasman (1603–1659), sticht 1642 für die Niederländische Ostindien Kompanie in See, in der Hoffnung, doch noch Handelskontakte mit Neuholland aufbauen zu können. Er segelt mit zwei Schiffen von Batavia aus los. Tasman verfehlt jedoch die Küste Australiens und trifft weit im Süden auf eine Insel, die später nach ihm benannt wird: Tasmanien. Er setzt seine Reise in östlicher Richtung fort und erreicht Neuseeland. „Das Land scheint ein wunderschönes Land zu sein, und wir vertrauen darauf, dass dies die Festlandküste des unbekannten Südkontinents sei“, schreibt er in sein Tagebuch. Doch auch Tasman hat kein Glück! Bei dem Versuch, an Land zu gehen, werden er und seine Matrosen von den **Maori** angegriffen. Ihnen bleibt nichts anderes übrig, als zu fliehen.

Die Insel Tasmanien wurde nach Abel Tasman benannt.

## Erste Vermessungen

Die nächste große Expedition unternimmt der Engländer James Cook (1728–1779), der aus ärmsten Verhältnissen stammt. Wie Willem Jansz arbeitet er sich vom einfachen Matrosen zum Kapitän hoch. Er ist ein ruhiger Offizier, der sich immer für seine Mannschaft einsetzt und auch vor einfachen Arbeiten an Deck nicht zurückschreckt, wenn Not am Mann ist. Von der britischen Marine erhält er 1768 die Anweisung, mit dem Segelschiff „Endeavour" einige Wissenschaftler nach Tahiti zu bringen, die von dort aus die Venus beobachten sollen. Gleichzeitig soll er nach dem noch immer im Pazifik vermuteten Südkontinent suchen. Cook erreicht Neuseeland und zeichnet genaue Karten. Er erkennt, dass Neuseeland aus zwei Inseln besteht. Die 35 Kilometer breite Meeresstrasse zwischen den Inseln erhält seinen Namen und heißt fortan „Cookstraße". Im April 1770 steuert Cook als erster Europäer auf die Ostküste Australiens zu. Plötzlich wird die „Endeavour" ruckartig abgebremst. Sein Schiff ist auf etwas Felsartiges aufgelaufen und wäre fast auseinandergebrochen. Cook blickt ins Wasser und sieht eines der größten Naturwunder der Erde: das **Große Barriereriff**. Während seine Mannschaft das Schiff wieder flottmacht, nutzt er die Gelegenheit und erforscht das Riff. Er findet auch eine Passage durch das Riff und geht an Land, um erste Vermessungen vorzunehmen.

James Cook war kein Abenteurer, sondern ein echter Forscher.

**Wissen *spezial***

**Das Große Barriereriff**

Dieses Riff vor der Ostküste Australiens ist mit einer Länge von über 2200 Kilometern das größte Korallenriff der Welt. Korallen sind Nesseltiere, die Skelette aus Kalk besitzen, aus denen sich die Riffe bereits seit 200 Millionen Jahren aufbauen.

Trotz der hervorragenden Karten, die Cook mit nach England zurückbringt, dauert es noch mehr als 30 Jahre, bevor Seefahrern und Kartografen klar wird, dass der Südkontinent längst gefunden ist.

Naturwunder: das Große Barriereriff an der Ostküste Australiens

Denn die bislang entdeckten Küsten, die Groß-Java oder Neuholland genannt werden, gehören zu dem so lange gesuchten Erdteil. Da dieser jedoch von vielen Kartografen viel weiter im Süden vermutet worden war, hatte man die Küsten Australiens für die Küsten von Inseln gehalten. Als es dem englischen Forscher Matthew Flinders zwischen 1801 und 1803 gelingt, den ganzen Kontinent zu umsegeln, herrscht endlich Gewissheit: Das geheimnisvolle Südland existiert tatsächlich! In Anlehnung an die von Ptolemäus geprägte Bezeichnung Terra australis incognita tauft Flinders den neuen Erdteil auf den Namen „Australien“.

Der Inselberg Ayers Rock ist ein mythischer Ort der Ureinwohner Australiens.

# Donnernder Rauch
## im tiefsten Dschungel

*Forschungsabenteuer in Afrika*

*1855 im Süden Afrikas*

„Fürwahr, die Eingeborenen haben den Wasserfall des Sambesi treffend beschrieben: donnernder Rauch. Es sieht aus, als würde der Fluss, umgeben von Rauch, in der Erde versinken. Der Grund dürfte eine Spalte im Basalt sein, die den Sambesi in eine schmale und tiefe Schlucht stürzen lässt. Von hier hat es den Anschein, als würde er einfach verschwinden, als würde sich der Fluss in Gischt auflösen und verdampfen. Ich kann mir nicht vorstellen, dass es einen gewaltigeren Wasserfall auf Erden gibt. Er ist mindestens eine Meile breit, wenn nicht zwei. Und der wie Rauch aufsteigende Nebel erreicht eine Höhe von mehreren Hundert Metern. Wie hätte ich ihn sonst schon vor Stunden während unseres Marsches durch den dichten Wald sehen können. Ich werde den Wasserfall zu Ehren meiner Königin „Victoria Falls" nennen."

*Livingstone entdeckt die Victoriafälle.*

Der Schotte David Livingstone (1813–1873) wächst in bitterer Armut auf. Statt zur Schule zu gehen, muss er in einer Baumwollspinnerei arbeiten. Mit zehn Jahren kann er immerhin eine Abendschule besuchen, um wenigstens Lesen und Schreiben zu lernen. Wie seine Eltern ist auch David sehr gläubig und studiert ab 1836 Theologie und Medizin in Glasgow, um Missionar in Afrika zu werden. Denn Afrika ist das Land, von dem er schon immer träumt. Ein Land, das in Europa noch weitgehend unbekannt ist, obgleich es schon seit Jahrhunderten erforscht wird.

David Livingstone kannte nur ein Ziel: Afrika.

## Über Afrika zu den Gewürzinseln

Bereits im 15. Jahrhundert machen sich spanische und portugiesische Seefahrer auf die Suche nach einem Seeweg nach Indien. Sie wollen dort vor allem Gewürze kaufen, die in Europa schwer zu bekommen und deswegen sehr begehrt und teuer sind. Doch wer Richtung Indien segeln will, muss Afrika umschiffen. Heinrich der Seefahrer (1394–1460), ein Sohn des portugiesischen Königs, startet ein groß angelegtes Unternehmen: Er rüstet Expeditionen aus und lässt Karten zeichnen. Für die schwierigen Hochseefahrten wird auf seine Anweisung ein neuer Schiffstyp gebaut, die **Karavelle**. Damit schickt er Kapitäne aufs Meer, die die Westküste Afrikas erkunden sollen. Sie müssen

Ein Denkmal in Lissabon erinnert an Heinrich den Seefahrer.

**Wissen *spezial***

**Was ist eine Karavelle?**

Eine Karavelle ist ein zwei- oder dreimastiges Segelschiff, das gut gegen den Wind kreuzen kann. Die Karavellen der portugiesischen Seefahrer waren etwa 20 Meter lang und hatten dreieckige Segel. Auch die Niña und die Pinta von Christoph Kolumbus waren Karavellen.

Heinrich der Seefahrer erklärt seinen Seeleuten Routen und Ziele.

alle ihre Beobachtungen in **Logbücher** eintragen, die jedoch streng geheim gehalten werden. Andere seefahrende Nationen sollen das gewonnene Wissen nicht nutzen können. Man weiß also nicht genau, bis zu welchem Ort die Schiffe Heinrichs des Seefahrers tatsächlich gelangt sind. Das Kap der Guten Hoffnung haben sie auf keinen Fall erreicht.

**Wissen spezial**

**Was steht im Logbuch?**
Ein Logbuch ist ein Schiffstagebuch, in das der Kapitän die täglichen Ereignisse eintragen muss, wie Kurs, Wetterlage, Gezeiten, Frachtgüter und Häfen. Der Name stammt von dem Messgerät Log, mit dem früher die Geschwindigkeit des Schiffes bestimmt wurde.

Im Juli 1497 sticht der Portugiese Vasco da Gama (1469–1524) mit drei Schiffen in See, um den Seeweg um Afrika nach Indien zu erkunden. Unterwegs wollen ihn arabische Händler aufhalten. Sie fürchten um ihr gutes Geschäft als Zwischenhändler. Doch erfolglos: Da er auch im Auftrag des portugiesischen Königs reist, darf da Gama die geheimen Logbücher einsehen und erreicht in weniger als einem Jahr Indien. Sofort schließt er Handelsverträge ab. Mit Pfeffer, Nelken und anderen Ge-

Der Seeweg nach Indien führte am Kap der Guten Hoffnung vorbei.

würzen an Bord kehrt er nach Portugal zurück und wird als Held gefeiert.

Was wird nun aus Afrika, dessen Küsten jetzt bekannt sind? Die Portugiesen bauen ihre Handelsbeziehungen zu Indien aus, die ihnen viel Geld einbringen. Sie gründen ein paar Niederlassungen an der Küste Afrikas, dringen aber nicht weiter ins Hinterland vor. Die Spanier, die einen westlichen Seeweg nach Indien gesucht und dabei Amerika entdeckt haben, sind mit ihren neuen Kolonien so beschäftigt, dass sie die Küsten Afrikas nur ansteuern, um von arabischen Händlern Sklaven zu kaufen. Allein die Holländer gründen in Südafrika eine größere Kolonie.

Unter den Gewürzen war vor allem Pfeffer sehr begehrt.

Vasco da Gama

## Unbekanntes Hinterland

Im 18. Jahrhundert dann entflammt in England ein ungeahntes Interesse am fremden Kontinent. Afrikanische Gesellschaften werden gegründet. Adelige, Kirchenvertreter, Kaufleute und Naturforscher zählen zu ihren Mitgliedern. Es lockt die Vermutung, dass Zentralafrika ungeheure Reichtümer birgt. Außerdem soll die farbige Bevölkerung zum christlichen Glauben gebracht werden. Doch bevor

Ein europäischer Händler kauft Sklaven in Westafrika ein.

man **Missionare** und Händler in den afrikanischen Urwald schicken kann, muss er erst einmal erforscht werden. Auch der Verlauf der meisten Flüsse ist noch unbekannt, die man als Handelswege nutzen will. Die 1788 in London gegründete African Association beauftragt den Arzt und Naturforscher Mungo Park (1771–1806), den Niger zu erforschen und zur Stadt Timbuktu vorzustoßen. 1795 bricht Park auf: in seiner typisch englischen Kleidung und ohne besondere Ausrüstung. Nur mit zwei Dolmetschern marschiert er, seinem Kompass folgend, durch Savannen und Wüsten. Nach zehn Monaten wird er von arabischen Sklavenhändlern gefangen genommen. Doch ihm gelingt die Flucht. Völlig auf sich allein gestellt, erreicht er tatsächlich den Niger. Die

Wie Livingstone stammte auch Mungo Park aus Schottland.

Einheimischen versorgen ihn mit Wasser und Nahrung. Zwei Jahre nach seiner Abreise trifft er wieder in London ein, wo man ihn längst für tot hält. Er schreibt einen umfassenden **Reisebericht**, der schnell zu einem Bestseller wird.

## Auf dem Sambesi ins Landesinnere

Für David Livingstone schlägt 1840 die große Stunde. Als Missionar unternimmt er seine erste Reise nach Südafrika und ist zunächst bitter enttäuscht: Das eintönige Leben und die Abgeschiedenheit in der Missionsstation haben so gar nichts gemein mit seinen Vorstellungen vom Land. Fasziniert jedoch steht Livingstone an den Ufern des Sambesi: „Wenn der Fluss schiffbar wäre, könnte ich ins Innere Afrikas vorstoßen und dort viele Menschen missionieren. Und vielleicht

**Wissen spezial**

**Missionare in Afrika**
Ab dem 18. Jahrhundert reisten Missionare nach Afrika, um dort die Ureinwohner zu christianisieren. Die Kultur der Afrikaner betrachteten sie als unchristlich und unterentwickelt. Sie bekämpften ihre Bräuche und lehnten wertvolles Wissen, etwa um Heilpflanzen, ab.

**Thema** **Reiseberichte – Bestseller des 19. Jahrhunderts**

*Die meisten Afrikaforscher des 18. und 19. Jahrhunderts schrieben Reiseberichte, sobald sie von einer Expedition in ihre Heimat zurückkehrten. Diese Berichte sorgten für Ruhm und Geld, denn sie waren bei den Lesern außergewöhnlich beliebt. So erreichte zum Beispiel Mungo Parks Bericht „Reisen in Zentral-Afrika“, der 1799 erschien, innerhalb von zehn Jahren sechs Auflagen und wurde in viele Sprachen übersetzt. Die Leser begeisterte vor allem die exotische und ihnen so fremde Welt, die die Reisenden beschrieben.*

Die Einheimischen nennen die Victoriafälle Mosi-oa-Tunya (Donnernder Rauch).

gelingt es mir auch, diesen mir so sehr verhassten, menschenunwürdigen Sklavenhandel zu bekämpfen." Livingstone hat Glück. Die Londoner Missionsgesellschaft schickt ihn tatsächlich 1853 von Südafrika aus in Richtung Norden, um den Sambesi zu erforschen. Auf dieser Reise entdeckt er 1855 die gewaltigen Victoriafälle. Von ihrer Schönheit ist er tief beeindruckt, doch für ein Schiff sind die etwa 110 Meter hohen und über 1700 Meter breiten Wasserfälle unpassierbar.

## Das große Geschäft mit dem neuen Kontinent

Livingstone kehrt vorerst nach England zurück. Im Jahr 1866 tritt er eine zweite Forschungsreise an, die ihn zum Tanganjikasee führt. Bald jedoch gilt er als verschollen, und so startet der britische Journalist Henry Morton Stanley (1841–1904) eine Suchexpedition. Er braucht fast ein Jahr, um den inzwischen kranken Livingstone im November 1871 aufzuspüren. Stanley nutzt die Gunst der Stunde:

Nach langer Suche trifft Stanley 1871 endlich auf Livingstone.

Stanley sah in den Ureinwohnern des Kongo nur billige Arbeitskräfte.

Zusammen mit dem berühmten Forscher möchte er Zentralafrika erkunden. Doch während der Arzt an der Natur und den Menschen interessiert ist, wittert Stanley das große Geschäft. Nach Livingstones Tod reist er ein zweites Mal nach Afrika und wirbt dafür, das Becken des Kongo zur britischen Kolonie zu machen. Seine Regierung ist unentschlossen, also schließt Stanley kurzerhand mit Leopold II., König von Belgien, einen Vertrag ab. Im Kongo legt Stanley wiederum den Häuptlingen Verträge vor, die dem König das gesamte Land und Arbeitskräfte sichern. Sie können nicht lesen und unterschreiben sofort. Im Auftrag des belgischen Königs gehen Stanley und seine Leute rücksichtslos gegen die Ureinwohner vor, die für sie arbeiten und **Kautschuk** anbauen müssen. Damit beginnt die erbarmungslose Kolonisation Afrikas: Auch andere europäische Länder wollen sich jetzt Teile des Kontinents sichern. Sie erobern und zerschlagen die alten Königreiche, beuten skrupellos die Eingeborenen aus und ziehen willkürliche Grenzen im ganzen Land, die größtenteils heute noch gelten.

**Wissen spezial**

**Wertvoller Kautschuk**

Aus Naturkautschuk, dem Milchsaft des Kautschukbaumes, wird Gummi hergestellt. Sind die Bäume etwa sechs Jahre alt, wird die Rinde eingeschnitten und der ausfließende Saft in einem Behälter aufgefangen. Kautschukbäume wachsen vor allem im Amazonasgebiet.

# **Den Kopf** am Schwanzende montiert

*Erfolge und Irrwege der Saurierforscher*

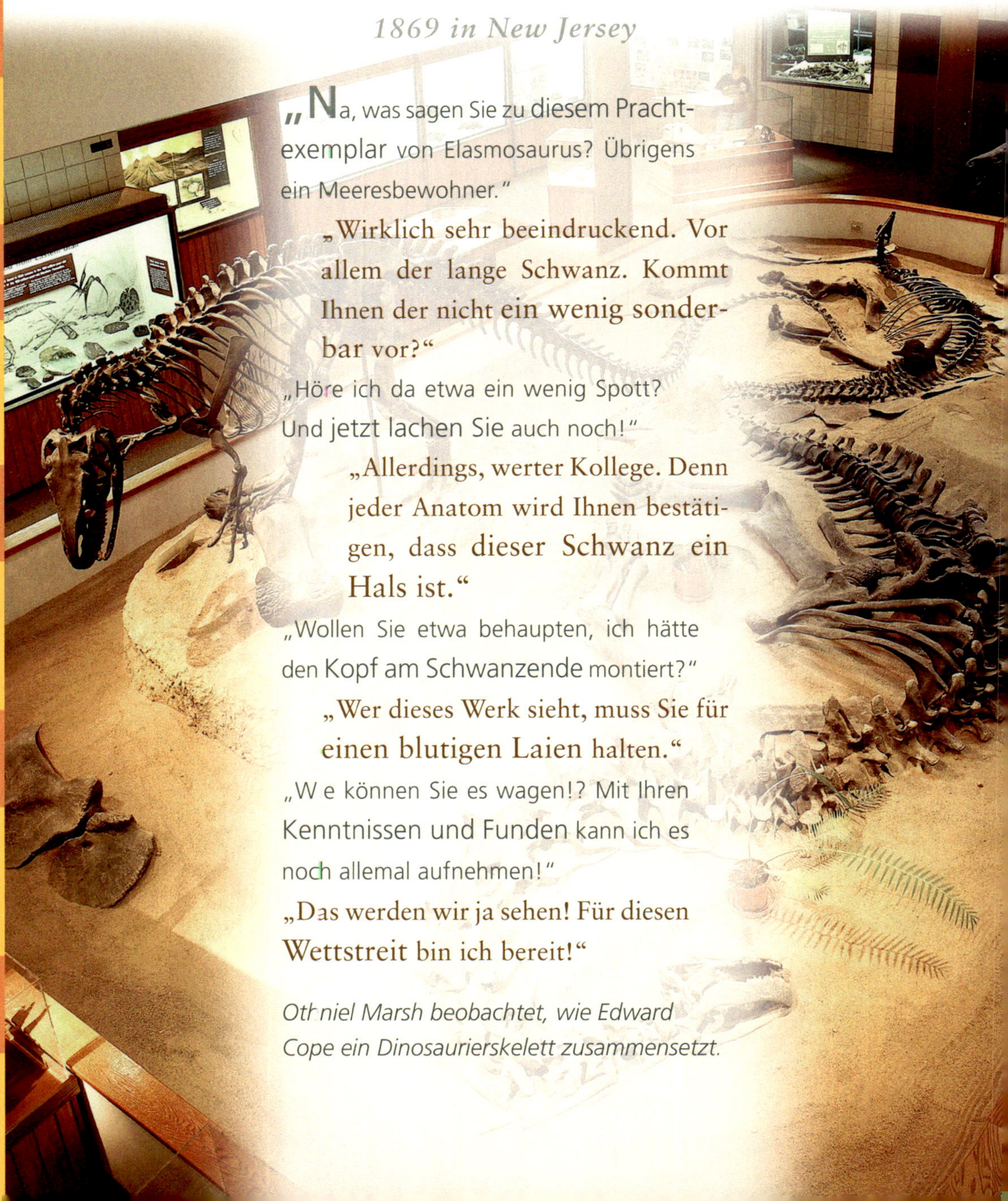

*1869 in New Jersey*

„Na, was sagen Sie zu diesem Prachtexemplar von Elasmosaurus? Übrigens ein Meeresbewohner."

„Wirklich sehr beeindruckend. Vor allem der lange Schwanz. Kommt Ihnen der nicht ein wenig sonderbar vor?"

„Höre ich da etwa ein wenig Spott? Und jetzt lachen Sie auch noch!"

„Allerdings, werter Kollege. Denn jeder Anatom wird Ihnen bestätigen, dass dieser Schwanz ein Hals ist."

„Wollen Sie etwa behaupten, ich hätte den Kopf am Schwanzende montiert?"

„Wer dieses Werk sieht, muss Sie für einen blutigen Laien halten."

„Wie können Sie es wagen!? Mit Ihren Kenntnissen und Funden kann ich es noch allemal aufnehmen!"

„Das werden wir ja sehen! Für diesen Wettstreit bin ich bereit!"

*Othniel Marsh beobachtet, wie Edward Cope ein Dinosaurierskelett zusammensetzt.*

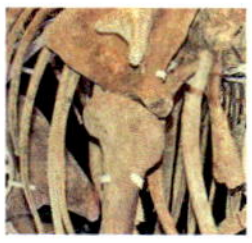

Eigentlich soll Edward Drinker Cope (1840–1897) die Farm seiner Eltern in Philadelphia übernehmen. Er wird streng religiös erzogen und arbeitet schon als Kind auf dem Feld mit. Dort entdeckt Edward sein Interesse für die Natur, vor allem für Tiere. Kaum hat er die Schule abgeschlossen, schreibt er eine Abhandlung über Salamander und schickt sie an ein wissenschaftliches Institut. Als das Institut Interesse zeigt, verlässt er die Farm seiner Eltern und belegt Kurse an der Universität. Auf einer Studienreise nach Europa trifft Cope mehrere Forscher, die sich mit **Fossilien** befassen, insbesondere mit Dinosaurierknochen. Einer der Forscher ist der Amerikaner Othniel Charles Marsh (1831–1899), mit dem er sich anfreundet.

**Wissen spezial**

**Fossilien – Zeugen der Vergangenheit**

Fossilien sind Versteinerungen etwa von Pflanzen oder Tieren, wobei meist die harten Teile wie das Skelett, der Baumstamm oder die Blattrippen durch chemische und physikalische Vorgänge in Stein verwandelt werden. Viele Fossilien sind älter als 10.000 Jahre.

## Knochenreste riesenhafter Echsen

In Europa sind Dinosaurier schon längst ein wichtiges Thema, seit in England um 1800 in einem Schieferbruch mehrere rätselhafte Knochen gefunden wurden. Diese Knochen landen bei William Buckland (1784–1856), dem Dekan von Westminster. Er ist nicht nur Theologe, sondern auch Geologe und kommt zu dem Ergebnis: „Bei diesem Fund muss es sich um die Reste einer großen Echse handeln, die viel größer war als die lebenden Exemplare, die wir heute kennen. Ich gebe ihr den Namen Megalosaurus, Riesenechse.“ Als Theologe sieht er die Geschichte von der Sintflut bestätigt. Er glaubt, dass der Megalosaurus zu jenen

Versteinerte Baumstämme können Hinweise auf Saurierfossilien sein.

Othniel Charles Marsh war einer der ersten Paläontologen.

Tieren zählt, die keinen Platz auf der Arche Noah fanden und daher ausgestorben sind. Auch andere Theologen hatten in ähnlichen Knochenfunden schon vorsintflutliche **Riesen** erkannt.

Wenig später stößt der englische Arzt und Geologe Gideon Mantell (1790–1852) in einem Steinbruch auf einige versteinerte Zähne. Er legt sie William Buckland vor: Dieser tippt auf einen großen Fisch. Mit der Erklärung ist Mantell nicht zufrieden und fragt einen bekannten Zoologen, der wiederum ein Nashorn für möglich hält. Als Mantell dann zufällig in einem Londoner Museum das Skelett eines Leguans entdeckt, dessen Zähne seinem Fund sehr ähnlich sehen, ist er sich sicher: Er hat es mit den Überresten einer riesigen, Pflanzen fressenden Echse zu tun, die er „Iguanodon“, Leguanzahn,

Das Iguanodon verdankt einem Leguan seinen Namen.

**Thema** **Riesen, Zyklopen und Drachen?**

*Seit der Antike wurden in verschiedenen Teilen der Welt immer wieder versteinerte Knochen von Dinosauriern gefunden, die Erdrutsche, Sandstürme oder Flüsse freigelegt hatten. Die Menschen fragten sich schon damals, welchen Wesen diese Knochen einst gehört haben könnten. In China teilten Gelehrte die Überzeugung, dass es sich nur um die Knochen von Drachen handeln könnte. In anderen Ländern tippte man auf Zyklopen oder Riesen und befürchtete, einige von ihnen könnten noch immer auf abgelegenen Inseln hausen.*

Fanden die Dinosaurier keinen Platz auf der Arche Noah?

nennt. Mantell setzt seine Suche fort und findet 1834 sogar ein fast vollständiges Skelett eines Iguanodons. Zum ersten Mal in der Geschichte unternimmt ein Forscher den Versuch, einen Dinosaurier zu rekonstruieren. Allerdings unterlaufen Mantell dabei einige Fehler. So setzt er dem Tier einen dornartigen Knochen als Nashorn auf den Schädel. Erst später findet man heraus, dass es sich eigentlich um einen spitzen Daumenknochen handelt, der vermutlich zur Verteidigung eingesetzt wurde. Von einer Sache jedoch sind alle Forscher überzeugt: Sie haben es mit ausgestorbenen Reptilien zu tun, die den Krokodilen ähneln, jedoch wesentlich größer als diese sind.

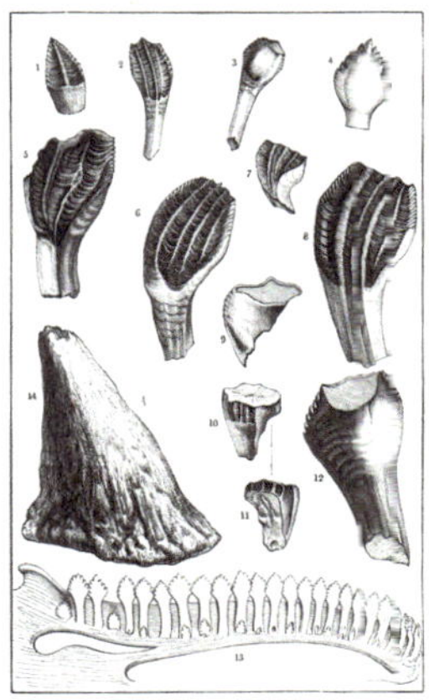

Gideon Mantell fertigte genaue Zeichnungen seiner Funde an.

## Keine Reptilien, sondern Dinosaurier

Richard Owen (1804–1892), ein Londoner Professor für Anatomie, der sich intensiv mit den Fossilienfunden auseinandersetzt, ist allerdings anderer Ansicht. Als Anatom erkennt er, dass der Knochenbau der Fossilien dem der

Skelette von Säugetieren

Säugetiere viel ähnlicher ist als dem der Reptilien. 1838 kommt er zu dem Ergebnis: „Es muss sich um eine eigene Gruppe von Tieren handeln, die in kein bislang bekanntes Muster passt.“ Owen tauft diese Tiere auf den Namen „Dinosaurier“, Schreckliche Echsen. Wie Mantell versucht auch er, aus den Knochenfunden das Aussehen der Saurier zu rekonstruieren. Für die Weltausstellung 1851 in London lässt er sogar lebensgroße Skulpturen anfertigen, die für ungeheures Aufsehen sorgen.

Die Entdeckung der Dinosaurier lässt bei vielen Menschen Zweifel an der Vorstellung aufkommen, die Erde sei schon immer von den gleichen Pflanzen und Tieren bevölkert gewesen. Als 1859 Charles Darwin (1809–1882) seine **Evolutionstheorie** veröffentlicht, beginnen Forscher wie Edward Cope und Othniel Marsh zu verstehen, dass die Dinosaurierskelette eine Zeitreise tief in die Vergangenheit des Lebens auf der Erde erlauben. Edward Cope

Wissen spezial

**Darwin und die Evolutionstheorie**

Die Evolutionstheorie von Charles Darwin besagt, dass sich die Lebewesen auf der Erde über sehr lange Zeiträume entwickelt haben. Nur die am besten an die Umwelt angepassten können sich behaupten, während weniger angepasste aussterben.

Paläontologen arbeiten wie Archäologen mit Pinseln und Bürsten.

Mithilfe von Computeranimationen kann man die Dinosaurier wieder zum Leben erwecken.

ist begeistert und rüstet sich für diese Zeitreise. Als er 1864 zum Professor für Naturgeschichte ernannt wird, nutzt er die Gelegenheit, verschiedene Tongruben und Steinbrüche zu untersuchen. Seinen neuen Freund Othniel Marsh lädt er dazu ein. Marsh hat Anatomie und **Paläontologie** in Berlin und Heidelberg studiert und ist ein Experte für Skelette.

Anfangs arbeiten die beiden Freunde Hand in Hand. Sie entwickeln einen sicheren Instinkt für aussichtsreiche Fundorte und stoßen in einer Tongrube in New Jersey in der Nähe von New York gleich auf mehrere Saurierskelette. Vor lauter Begeisterung über diesen Erfolg geben Cope und Marsh ihren Dinosauriern sogar die Namen des jeweils anderen Kollegen. Anschließend veröffentlicht jeder Forscher die Ergebnisse seiner Arbeit in Zeitungen und Zeitschriften. Das krönende Ende einer gelungenen Expedition, so möchte man meinen. Doch dann erfährt Cope, dass Marsh nach dem einstweiligen Ende der Ausgrabungen noch einmal heimlich zur Tongrube gefahren ist, um dort den Besitzer zu bestechen: Er soll ihm jeden neuen Fund

Wissen *spezial*

**Was ist Paläontologie?**
Die Paläontologie ist die Lehre und Wissenschaft von den ausgestorbenen Lebewesen früherer Erdzeitalter. Paläontologen untersuchen vor allem Fossilien. Sie versuchen, ihr Alter so genau wie möglich zu bestimmen und Rückschlüsse auf ihre Lebensweise zu ziehen.

zuerst melden. Das Motiv kann Cope sogar verstehen, denn die Knochenfunde haben in den USA eine regelrechte **Dinomanie** ausgelöst. Wer eine neue Saurierart entdeckt, wird berühmt. Geld brauchen beide nicht, denn Cope wie Marsh stammen aus sehr wohlhabenden Familien und sie sind beide Professoren. Doch Ruhm, erfährt Cope, ist eine schöne Sache. So passiert es, dass aus den ehemaligen Freunden die größten Konkurrenten werden.

Dinosauriermodelle zählen auch heute noch zu den Attraktionen vieler Freizeitparks.

## Der Knochenkrieg beginnt

Als Cope 1869 das Skelett eines Elasmosaurus findet und den Schädel irrtümlich am Schwanzende anbringt, macht Marsh ihn öffentlich lächerlich. Die Konkurrenz steigert sich zur Feindschaft. Von nun an bekämpfen sich die beiden Forscher mit allen Mitteln und wetteifern um neue Funde. Beide schicken Spitzel zu den Grabungsorten des

Marsh und Cope entdeckten eine neue Welt in der Vergangenheit.

Der Stegosaurus trug Knochenplatten auf seinem Rücken und hatte spitze Schwanzstacheln.

Schädel des Camarasaurus

anderen, um die Arbeit dort auszuspionieren. Dabei schrecken sie auch vor kriminellen Mitteln nicht zurück: Sie stehlen Knochen oder sprengen erfolgversprechende Fundstätten des Konkurrenten einfach mit Dynamit in die Luft. Bald wird dieser Wettstreit als „Knochenkrieg" bekannt. Wenn man von einem Sieger sprechen möchte, dann ist das wohl Marsh: Er entdeckt und benennt 86 Dinosaurierarten, darunter Triceratops, Stegosaurus und Allosaurus. Cope findet 56 Arten, darunter Dimetrodon und Camarasaurus. Trotz der selbstsüchtigen Methoden der beiden Forscher erfahren die Menschen durch Cope und Marsh, wie vielfältig die Tierwelt vor mehr als 64 Millionen Jahren war und wie grundlegend sich das Leben auf der Erde bis heute verändert hat. Cope und Marsh legen somit den Grundstein für die moderne Dinosaurier-Forschung.

**Wissen *spezial***

**Was ist Dinomanie?**

Dinomanie nennt man die durch die ersten Funde im 19. Jahrhundert ausgelöste Begeisterung für Dinosaurier, die in Europa und in den USA besonders groß war. Ausstellungen und Artikel über Dinosaurier stießen auf großes Interesse, und Paläontologen waren sehr angesehen.

# **Der Schatz** des Priamos

*Schliemann auf den Spuren versunkener Städte*

*1873 im Nordwesten der Türkei*

„So, alle Arbeiter sind weg. Die Zeit muss reichen. Wenn ich mich nicht getäuscht habe, bin ich endlich am Ziel. Ich muss vorsichtig sein, sonst stürzt die Mauer über mir ein. Nur noch ein paar Steine. Hier habe ich das Kupfer blinken sehen, hier muss es sein. Besser, ich schiebe den großen Stein auch noch zur Seite. Wie das staubt. Bei dem Petroleumlicht kann ich kaum etwas sehen. Jetzt müsste es gehen. Unglaublich! Das ist nicht nur Kupfer, das ist Gold! Das sind goldene Vasen und Becher und goldene Schmuckstücke! Der Schatz des Priamos! Jetzt müssen mir alle glauben, dass ich Troja gefunden habe. Ich muss den Schatz sofort verstauen und außer Landes schaffen. Sonst wird er von den Türken beschlagnahmt und ist für die Wissenschaft verloren.“

*Heinrich Schliemann auf seiner Ausgrabungsstätte*

In seiner Kindheit und Jugend ist Heinrich Schliemann (1822–1900) wohl das, was man gemeinhin einen Pechvogel nennt. Als er neun Jahre alt ist, stirbt seine Mutter. Sein Vater kann sich nicht um ihn kümmern, sodass er bei einem Onkel aufwächst. Mit elf Jahren darf er zwar aufs Gymnasium, doch schon nach drei Monaten muss er auf die Realschule wechseln. Seiner Familie fehlt das Geld, um die Kosten zu tragen. Die Kaufmannslehre, die er nach der Schule beginnt, muss Schliemann abbrechen, da er häufig krank ist. Auch sein Plan, nach Amerika auszuwandern, misslingt: Vor der holländischen Küste strandet sein Schiff.

Heinrich Schliemann glaubte fest daran, Troja zu finden.

Kurz entschlossen kehrt er nicht in seine Heimatstadt Neubukow bei Rostock zurück, sondern macht in Amsterdam eine Lehre als Bürobote in einer großen Handelsfirma. Da die Firma viel mit ausländischen Kaufleuten zu tun hat, nutzt Schliemann die Gelegenheit und lernt mehrere Sprachen, darunter Spanisch, Italienisch, Portugiesisch und Russisch. Als ihn die Firma nach Russland schickt, um dort eine Handelsniederlassung zu gründen, sieht er seine Chance gekommen: Schliemann gründet seine eigene Firma. Tatsächlich wird er ein erfolgreicher Geschäftsmann, der in den USA und Russland Niederlassungen unterhält. Er heiratet 1852 in St. Petersburg eine Kaufmannstochter und zieht sich 1864 als Multimillionär aus dem Geschäftsleben zurück. Denn schon länger hegt Schliemann einen Traum, den er jetzt endlich verwirklichen will.

Der Sage nach wurde Troja mithilfe eines hölzernen Pferdes erobert.

Homer gilt als Autor der „Ilias" und der „Odyssee", die von Troja berichten.

## Sagenhaftes Troja – Legende oder Wahrheit?

Seit Schliemann die **Ilias von Homer** gelesen hat, lässt ihn der Gedanke an die sagenumwobene Stadt Troja nicht mehr los. Er hat sogar Altgriechisch gelernt, um das Epos im Original lesen zu können. Noch mit 44 Jahren beginnt er in Paris Altertumswissenschaft zu studieren, um mehr über Archäologie und antike Geschichte kennenzulernen. Troja, erfährt er, hat es tatsächlich gegeben. Seine Professoren schließen jedoch aus, dass man die Stadt jemals finden wird, da die Zeit ihrer Ansicht nach alle Spuren vernichtet hat. Doch Schliemanns Abenteuerlust ist geweckt.

Zufällig trifft er den englischen Diplomaten Frank Calvert (1828–1908), der ihm berichtet, dass man bereits 1822 einen Hügel in der Türkei ausfindig gemacht hat, unter dem Troja begraben sein könnte. Der Hügel heißt

**Thema** | **Die Ilias von Homer**

*Homer war ein griechischer Dichter, der vor rund 2750 Jahren lebte. Ihm schrieben die alten Griechen die Ilias zu, ein Epos über die Geschichte des Trojanischen Krieges. Zehn Jahre lang belagern die Griechen Troja, weil die Trojaner die schöne Helena entführt haben. Am Ende überlistet der griechische Held Odysseus die Trojaner mit einem Trick. Versteckt in einem riesigen Holzpferd gelangen Belagerer in die Stadt und öffnen den griechischen Kriegern die Stadttore. Troja wird erobert und zerstört.*

Griechische Krieger nähern sich mit Schiffen der belagerten Stadt Troja.

**Hissarlik** und gehört zum Teil Calverts Bruder Frederik. Calvert selbst hat auch schon kleinere Grabungen vorgenommen, doch noch keine bedeutenden Funde gemacht. Schliemann ist wie elektrisiert und fährt sofort in die Türkei, um sich den Hügel anzusehen. Da Homer die Lage Trojas sehr genau beschrieben hat, ist sich Schliemann schnell sicher, dass Calvert recht hat. Schliemanns Begeisterung ist nicht mehr zu bremsen. Er wandert nach Griechenland aus und lässt sich von seiner Frau scheiden. Gleich darauf heiratet er die 17-jährige Griechin Sophia Engastromenos. Sie soll ihm bei seinem Vorhaben zur Seite stehen. Ohne eine Genehmigung der türkischen Behörden beginnt er 1870 mit einer ersten Probegrabung. Erst ein Jahr später hat er alle Formalitäten geklärt und kann mit einer groß angelegten Grabung beginnen. Als mehrfacher Millionär finanziert er alle Arbeiten selbst. Welch sagenhafte Entdeckungen wird ihm sein Projekt bescheren? Gespannt macht er sich ans Werk:

**Wissen spezial**

**Der Hügel Hissarlik**

Der etwa 15 Meter hohe Hügel liegt in der Türkei in der Nähe der Dardanellen einer Meerenge, die das Ägäische Meer mit dem Marmarameer und somit mit dem Schwarzen Meer verbindet. Von hier aus konnten die Trojaner den Schiffsverkehr gut kontrollieren.

Troja wurde auf dem Hügel Hissarlik errichtet.

Zunächst lässt er von den Arbeitern einen 40 Meter breiten und 15 Meter tiefen Graben ausheben, der mitten durch den Hügel verläuft. Erst später wird Schliemann bewusst, dass dies ein Fehler ist. Denn wichtige Spuren werden dabei für immer vernichtet.

## Schliemanns Traum wird wahr

Voller Eifer ist er der Burg des Priamos auf der Spur, der Burg des letzten Königs von Troja, der die Stadt im **Trojanischen Krieg** verteidigte. Als sein tiefer Graben einzustürzen droht, bittet er den deutschen Architekten Wilhelm Dörpfeld (1853–1940) um Hilfe, der von nun an darauf achtet, dass viel vorsichtiger gegraben wird. Doch steckt unter dem Hügel wirklich Troja?

Nach zwei Jahren Arbeit sind sich beide Forscher sicher. Denn Schliemann findet zufällig einen Goldschatz. Das muss der Schatz des Priamos sein! Heimlich gräbt er ihn aus und schafft ihn nach Athen. Als er ihn der Weltöffentlichkeit präsentiert, ist die Sensation perfekt und Schliemann über Nacht weltbekannt. Nicht nur Troja sorgt nun für Schlagzeilen, auch die

### Wissen spezial

**Trojanischer Krieg**

Bis heute sind keine Spuren gefunden worden, die beweisen, dass der von Homer beschriebene Trojanische Krieg wirklich stattgefunden hat. Wahrscheinlich hat Homer verschiedene Kriege für seine Darstellung des Trojanischen Kriegs zusammengefasst.

In riesigen Tonkrügen lagerten Griechen und Trojaner Lebensmittel.

Archäologie macht Fortschritte. Langsam lernen die Altertumsforscher, dass es nicht darauf ankommt, Schätze und wertvolle Einzelstücke aufzuspüren. Bei Grabungen müssen sie uralte Gebäude und Städte Schicht für Schicht freilegen und jeden einzelnen Schritt genau auf Karten und in Tabellen festhalten. Nur so kann man später Aussagen über die Geschichte machen. Schliemanns Erfolg, an den zuerst kein Mensch glauben wollte, zeigt auch, dass die antiken Epen mehr geschichtliche Hinweise enthalten, als man bis dahin angenommen hat. Und noch einmal soll Schliemann den Spuren nachgehen, die Homer ihm weist.

## Die Goldmaske des Agamemnon

Schliemann und Dörpfeld interessieren sich bald für eine weitere Stadt, das auf der griechischen Halbinsel Peloponnes gelegene Mykene. Im Gegensatz zu Troja ist die Lage dieser antiken Stadt bekannt. Schliemann hat Mykene

Querschnitt durch die verschiedenen Siedlungsschichten Trojas

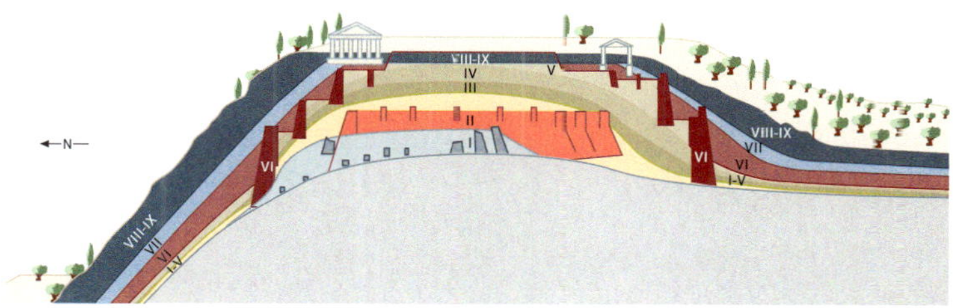

Die von Schliemann gefundene „Goldmaske des Agamemnon“

nicht zufällig ausgewählt. Der dortige König Agamemnon war der Anführer der Griechen im Trojanischen Krieg, also der Gegenspieler von König Priamos. Die beiden deutschen Archäologen fangen 1876 an zu graben. Innerhalb der Stadtmauern, die noch sehr gut erhalten sind, entdecken sie nicht nur Reste eines großen Palastes, sondern auch mehrere **Schachtgräber**. Als hätte Schliemann einen besonderen Sinn für Schätze, stößt er in den Gräbern auf wertvolle Grabbeigaben. Neben Tongefäßen und Schmuck findet er auch eine goldene Maske, die einen bärtigen Mann darstellt. Sofort ist Schliemann davon überzeugt, das Grab des sagenhaften Königs Agamemnon gefunden zu haben, und nennt die Maske „Goldmaske des Agamemnon“. Wieder sorgt Schliemann für Schlagzeilen und wird noch bekannter. Auch bei anderen Ausgrabungen in Griechenland, wie etwa auf der Insel **Ithaka**, lässt sich Schliemann

**Wissen spezial**

**Was sind Schachtgräber?**

Ein Schachtgrab ist ein in den Felsen getriebenes Grab oder eine als Grab ausgebaute Höhle oder Grotte. Ein solches Grab konnte leicht verschlossen werden und war vor Grabräubern halbwegs sicher. Die Herrscher von Mykene wurden oft in Schachtgräbern bestattet.

Filmszene: Schliemann präsentiert stolz den „Schatz des Priamos“.

Ein kreisförmig angelegtes Schachtgrab in Mykene

von Homer leiten. Einen Schatz findet er nicht mehr, dafür legt er Paläste und weitere bedeutende Spuren der antiken Geschichte frei.

Erst nach Schliemanns Tod stellen Archäologen mit neuen Forschungsmethoden fest, dass der „Schatz des Priamos“ über 1000 Jahre vor der Herrschaft des Königs Priamos angefertigt wurde. Und auch die „Goldmaske des Agamemnon“ kann nicht Agamemnon gehört haben, denn sie ist 300 Jahre älter als er. Schliemann selbst erfährt von der falschen zeitlichen Zuordnung nichts mehr. Für ihn ist sein Lebenstraum in Erfüllung gegangen: Er hat Troja gefunden! Für immer wird sein Name mit der geheimnisvollen Stadt in Verbindung stehen.

**Wissen spezial**

**Ithaka – Heimat des Odysseus**

Die griechische Insel Ithaka ist laut Homer die Heimatinsel des Helden Odysseus. Schliemann glaubte, den Palast von Odysseus auf Ithaka gefunden zu haben. Allerdings ist der Fund sehr umstritten, zumal Odysseus wahrscheinlich eine rein mythologische Figur war.

Titelblatt der „Illustrated London News“ mit dem Löwentor von Mykene

# Wie Teile **eines Puzzles**

## *Das Geheimnis der Kontinente wird gelüftet*

*1911 in Marburg*

„Die Ostküste Südamerikas und die Westküste Afrikas passen wie zwei Teile eines Puzzles zusammen. An beiden Küsten wurden Fossilien von den gleichen Arten gefunden. Auch die Gesteinsarten sind gleich. Und welche Schlüsse ziehen die Kollegen daraus? Landbrücken oder ganze Kontinente sollen zwischen Südamerika und Afrika bestanden haben. Doch wohin sollen sie verschwunden sein? Etwa im Atlantik versunken? Also das ist geologisch nur schwer vorstellbar. Nein, dafür muss es eine andere Erklärung geben, eine einfache. Und die wäre: Die Kontinente wandern. Die Küstenlinien Südamerikas und Afrikas passen deshalb zusammen, weil sie vor langer Zeit zusammengelegen haben. Das wird mir kein Mensch glauben!"

*Alfred Wegener vergleicht die Küstenformen von Südamerika und Afrika.*

Alfred Wegener (1880–1930) ist der Sohn eines Berliner Pastors mit einem ausgesprochen naturwissenschaftlichen Interesse. Schon als Schüler beobachtet er die vorbeiziehenden Wolken und die Sterne. Er macht das beste Abitur seiner Klasse und studiert anschließend Physik, Astronomie und Meteorologie in Berlin. Bereits nach fünf Jahren hat er den Doktortitel in der Tasche und beginnt mit verschiedenen Forschungsarbeiten in mehreren Fachgebieten. Unter anderem entwickelt er zusammen mit seinem Bruder Kurt einen besonderen Ballon zur Erforschung höherer Luftschichten. Gemeinsam stellen sie sogar einen neuen Rekord im Ballonfahren auf: Für 52 Stunden bleiben sie in der Luft.

Alfred Wegener, ein Wissenschaftler mit neuen Theorien

Durch dieses gewagte Experiment wird der dänische Polarforscher Ludvig Mylius-Erichsen (1872–1907) auf ihn aufmerksam. Wegener wird umgehend von ihm zu einer Grönlandexpedition eingeladen, bei der auch das Klima erforscht werden soll. Wegener sagt sofort begeistert zu. Ihm gelingt es während der Expedition, die erste meteorologische Station auf Grönland zu errichten und mit seinen Wetterballons wichtige Ergebnisse zu sammeln. Als er sich eines Tages die Karte Grönlands genauer ansieht und auch andere Küstenlinien miteinander vergleicht, fällt ihm etwas Interessantes auf: Die Küstenformen mancher Kontinente passen zusammen. Dieses Phänomen ist den Geologen längst bekannt, dennoch sind sich alle Wissenschaftler bislang darüber einig, dass die Kontinente niemals miteinander verbunden waren. Sie sind von der gängigen Lehrmeinung des **Fixismus** fest überzeugt.

**Wissen spezial**

**Die Lehre vom Fixismus**

Der Fixismus ist die Theorie, dass die Erdkruste und die Kontinente fest mit dem Erdmantel verbunden sind. Diese Meinung war bis etwa 1960 vorherrschend. Schließlich wurde sie vom Mobilismus abgelöst, der besagt, dass die Kontinente beweglich sind.

Die biblische Schöpfungsgeschichte beschreibt Gott als Schöpfer des Lebens auf der Erde.

## Wie sieht die Erde aus?

Mit der Frage nach der Entstehung und Form der Erde befassen sich die Menschen schon seit Urzeiten. Die Germanen glauben, dass die Erde aus einem unendlichen Abgrund entstanden ist, dem Ginnungagap, während die Griechen meinen, die Erde sei aus dem Chaos entstanden. Die Bibel wiederum berichtet, Gott habe die Welt mit allen Erdteilen, Tieren und Menschen innerhalb von sieben Tagen erschaffen. In der Antike halten die Menschen, darunter auch Philosophen wie **Thales von Milet**, die Erde für eine Scheibe. Erst als die Menschen Seefahrt betreiben, erkennen sie die Krümmung der Erde, da von einem Segelschiff, das sich der Küste nähert, zunächst nur die Mastspitze zu sehen ist. Eratosthenes von Kyrene (um 284–202 v. Chr.), dem Leiter der berühmten Bibliothek

**Thema** | **Thales von Milet – die Erde, eine Scheibe**

*Einer der ersten griechischen Philosophen, der sich Gedanken über die Erde und ihre Entstehung gemacht hat, war Thales von Milet (ca. 624–546 v. Chr.). Er war davon überzeugt, dass alle Stoffe und auch die Erde selbst aus Wasser entstanden sind. Die Erde sah er als flache Scheibe an, die auf dem Wasser der Ozeane schwimmt. Den Himmel betrachtete er als eine Art Luftblase, über der sich ebenfalls Wasser auftürmt. Andere griechische Philosophen fanden dieses Weltbild sehr überzeugend und übernahmen es.*

Versteinerte Schalen von Meerestieren kann man auch im Gebirge finden.

von Alexandria, gelingt es sogar, mithilfe einer **Schattenmessung** den Umfang der Erde zu berechnen.

Die Griechen wissen nun, dass sie auf einer riesigen Kugel leben und nehmen daher an, dass auch Mond und Sonne keine Scheiben, sondern ebenfalls Kugeln sind. Doch sind Wasser und Land von Anbeginn der Zeit unveränderlich und so gestaltet, wie die Menschen sie vorfinden? Diese Frage stellt sich der griechische Philosoph Xenophanes von Kolophon (um 570–470 v. Chr.), als er auf einem Berg Fossilien findet, die er als Reste von Meerestieren deutet. Er kommt zu der Überzeugung, dass jener Berg einst ein Meeresboden gewesen ist und die Erde sich ständig verändert. Das meiste Wissen der Griechen geht jedoch im Laufe der Zeit wieder verloren und gerät im Mittelalter ganz in Vergessenheit. Erst mit dem Beginn der Neuzeit ab etwa 1450 beginnen Gelehrte wieder, sich Gedanken über die Geschichte der Erde zu machen.

**Wissen spezial**

**Wie funktioniert Schattenmessung?**

Eratosthenes stellte an zwei weit voneinander entfernten Orten gleichlange Stäbe auf und maß die Länge ihrer Schatten. Aus den unterschiedlichen Längen berechnete er einen Erdumfang von 252.000 Stadien. Das entspricht etwa dem tatsächlichen Umfang von 40.000 Kilometern.

In Australien haben sich durch Verwitterung sonderbare Felsen aus Granit gebildet, die „Teufelsmurmeln" genannt werden.

## Geheimnisvolle Steine

Einer von ihnen ist der dänische Arzt und Theologe Nicolaus Steno (1638–1686), der sich für die Natur, aber vor allem für Steine interessiert. Eines Tages entdeckt er Felsen, auf denen viele übereinander angeordnete Linien von unterschiedlicher Farbe zu erkennen sind. Steno kratzt kleine Stücke aus diesen Linien heraus und findet schließlich eine Erklärung für das Muster: Die Linien sind **Sedimente**. Eigentlich, stellt er fest, bestehen die untersuchten Gesteine aus versteinerten Ablagerungen, deren Alter nach oben hin abnimmt.

Im Jahr 1760 erkundet der italienische Geologe Giovanni Arduino (1714–1795) ein Bergwerk, um festzustellen, ob man es weiter ausbeuten soll. Immer wieder betrachtet er das Sedimentgestein und hat plötzlich eine geniale Idee: Die unterschiedlichen Gesteinsarten müssten sich hervorragend eignen, um eine Altersbestimmung vorzunehmen. Granit, Basalt und andere harte Gesteine stuft er als älteste Gesteine ein und nennt das Erdzeitalter, aus dem sie stammen, „Primär" (Erdaltertum). Kalksteine und andere spätere Schichten nennt er „Sekundär" (Erdmittelalter).

### Wissen *spezial*

**Was sind Sedimente?**
Sedimente sind Ablagerungen aus Schlamm, Sand und anderen Stoffen, die ein Meer oder See angeschwemmt hat. Im Laufe der Zeit sind die Schichten unter großem Druck zu Stein geworden. Geologen können anhand der Sedimente recht genaue Altersbestimmungen vornehmen.

Den jüngsten Schichten gibt er den Namen „Tertiär“ (Erdneuzeit). Zwar kann er das Alter dieser Epochen noch nicht genau bestimmen, doch gelingt Arduino mit dieser Einteilung erstmals ein grober Überblick über die Erdgeschichte. Das überzeugt auch andere Geologen, die Arduinos Einteilung erweitern und schließlich ein für fast jeden Menschen nur schwer vorstellbares Alter von 4,6 Milliarden Jahren für die Erde ermitteln. Eine Überzeugung behalten jedoch alle Forscher bei, nämlich die von der für alle Zeiten stabilen Lage der Kontinente.

Der weiche Tuffstein entsteht durch wiederholte Ablagerung nach vulkanischen Ausbrüchen.

## Alfred Wegener findet die Lösung

Als logisch denkendem Menschen existiert für Alfred Wegener die Möglichkeit, dass auch diese Vorstellung falsch sein könnte. Denn sie passt nicht zu allen inzwischen gesammelten Erkenntnissen. Auch für die Landbrücken, die nach Ansicht von Geologen einst zwischen den Kontinenten bestanden, findet

Quastenflosser zählen zu den „lebenden Fossilien“, da sie seit rund 400 Millionen Jahren existieren.

Durch Vulkanausbrüche im Meer können neue Inseln entstehen.

Wegener keine Beweise. Für ihn ist die naheliegende Lösung die beste: Die Kontinente bestehen in ihrer heutigen Form, weil sie vor Millionen von Jahren Teil des riesigen Urkontinents „**Pangäa**" waren, der im Laufe der Zeit auseinanderdriftete. Doch wie kann dies möglich sein? Auch diese Frage kann Wegener beantworten. Die Kontinente bestehen vorwiegend aus Granit, der leichter ist als die darunter befindliche Schicht aus Basalt. Sie schwimmen und werden von Kräften aus dem Erdinneren, der Erdrotation und der Anziehungskraft des Mondes bewegt. Das Ergebnis seiner Überlegungen veröffentlicht Wegener 1915 in dem Buch „Die Entstehung der Kontinente und Ozeane". Die Geologen schütteln jedoch nur die Köpfe. Sie halten die Theorie des Meteorologen für blanken Unsinn und nennen ihn einen „Fantasten". Alfred

Wissen spezial

**Was bedeutet Pangäa?**
Vor rund 300 bis 150 Millionen Jahren, also zur Zeit der Dinosaurier, gab es nur einen einzigen Kontinent mit dem Namen Pangäa (Allesland). Europa lag zwischen Nordamerika und Afrika. Die heutigen Erdteile entwickelten sich erst im Laufe von Jahrmillionen.

Wegener aber bleibt gelassen. Er ist ein sehr genauer Wissenschaftler und fest davon überzeugt, dass sich seine Theorie der Kontinentalverschiebung eines Tages als richtig erweisen wird. Das geschieht auch, allerdings erst 30 Jahre nach seinem Tod. Ab 1960 ergeben Untersuchungen des Ozeanbodens und Satellitenmessungen, dass sich die Kontinente tatsächlich bewegen. Die Erde steht also niemals still und wird auch künftig ihre Gestalt immer weiter verändern. Heutige Berechnungen lassen vermuten, dass in 80 Millionen Jahren die Arktis dort liegen könnte, wo sich heute Australien befindet. Afrika wird sich geteilt haben und Platz für einen neuen Ozean machen, während Spanien zu einer Insel wird.

Erdbeben können entstehen, wenn sich riesige Felsplatten in der Erdkruste gegeneinander verschieben.

Wenn zwei Kontinentalplatten auseinanderdriften, wie auf Island, entsteht ein Grabenbruch.

# Er war tatsächlich **schneller als wir!**

*Wettlauf zum Südpol*

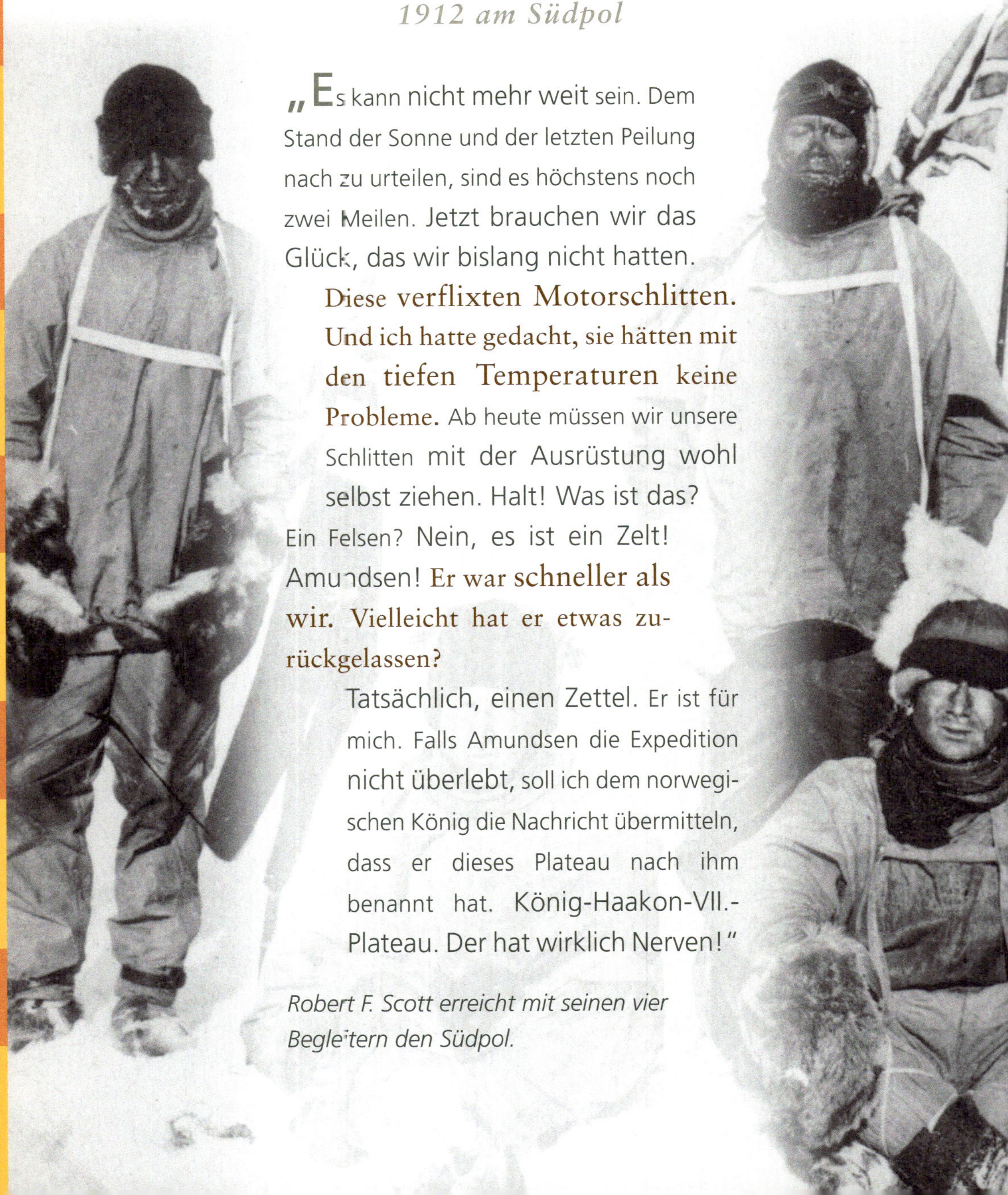

*1912 am Südpol*

„Es kann nicht mehr weit sein. Dem Stand der Sonne und der letzten Peilung nach zu urteilen, sind es höchstens noch zwei Meilen. Jetzt brauchen wir das Glück, das wir bislang nicht hatten.

Diese verflixten Motorschlitten. Und ich hatte gedacht, sie hätten mit den tiefen Temperaturen keine Probleme. Ab heute müssen wir unsere Schlitten mit der Ausrüstung wohl selbst ziehen. Halt! Was ist das?

Ein Felsen? Nein, es ist ein Zelt! Amundsen! Er war schneller als wir. Vielleicht hat er etwas zurückgelassen?

Tatsächlich, einen Zettel. Er ist für mich. Falls Amundsen die Expedition nicht überlebt, soll ich dem norwegischen König die Nachricht übermitteln, dass er dieses Plateau nach ihm benannt hat. König-Haakon-VII.-Plateau. Der hat wirklich Nerven!"

*Robert F. Scott erreicht mit seinen vier Begleitern den Südpol.*

Robert Falcon Scott (1868–1912) stammt aus einer englischen Familie, deren Mitglieder seit Generationen bei der Marine gedient haben. Als Robert 1881 die Schule verlässt, steht längst fest, dass auch er Marineoffizier werden soll. Sein Vater schickt ihn auf die berühmte Marinehochschule nach Greenwich, die Robert mit Erfolg besucht. Doch obwohl Scott bald befördert wird und einen guten Posten bei der Marine erhält, ist er unzufrieden. Denn er hat sich immer vorgestellt, ein bedeutender Mann zu werden und etwas Großes zu leisten. Bei der britischen Marine sieht er keine Chance.

Robert Scott wollte als erster Mensch am Südpol in die Geschichte eingehen.

Eines Tages macht er die Bekanntschaft mit Sir Clements Robert Markham (1830–1916), dem Leiter der Königlichen Geografischen Gesellschaft. Markham hat Grönland bereist und befasst sich mit neuen Methoden, die Nordpolregion zu erforschen. Seit den 1870er-Jahren ist ein Roman auf dem Markt, der die abenteuerliche

Typische Leuchterscheinungen an den Polen: Polarlichter

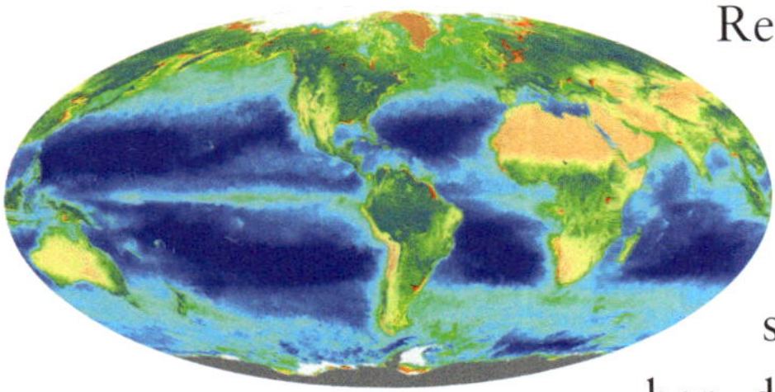

Im Gegensatz zur Arktis ist die Antarktis ein Kontinent.

Reise des **Kapitän Nemo** zum Südpol beschreibt. In Wirklichkeit jedoch hat bislang noch kein Mensch einen der beiden Pole überhaupt gesehen. Das wird sich bald ändern! Schon seit Jahren sucht Markham Geldgeber, die es einem Engländer ermöglichen, als erster Mensch zum Nord- und Südpol vorzustoßen. Zunächst soll die noch kaum bekannte Antarktis im Süden näher erforscht werden. Die Königliche Geografische Gesellschaft bereitet unter dem Namen „Discovery“ eine Expedition vor. Eigentlich ist ein erfahrener Wissenschaftler als Expedi-

**Thema** | **Kapitän Nemo erreicht den Südpol**

*Wenn es nach dem französischen Schriftsteller Jules Verne (1828–1905) geht, war Kapitän Nemo der erste Mensch am Südpol. In seinem Roman „20.000 Meilen unter den Meeren“ erreicht der Kapitän des U-Bootes Nautilus den Südpol am 21. März 1868 und hisst dort seine Fahne. Zu diesem Zeitpunkt ist kaum etwas über die Antarktis bekannt. Man weiß nicht einmal, ob sich am Pol tatsächlich Land befindet oder nur Eis, wie am Nordpol. Dennoch bezeichnet Kapitän Nemo die Antarktis völlig richtig als Erdteil.*

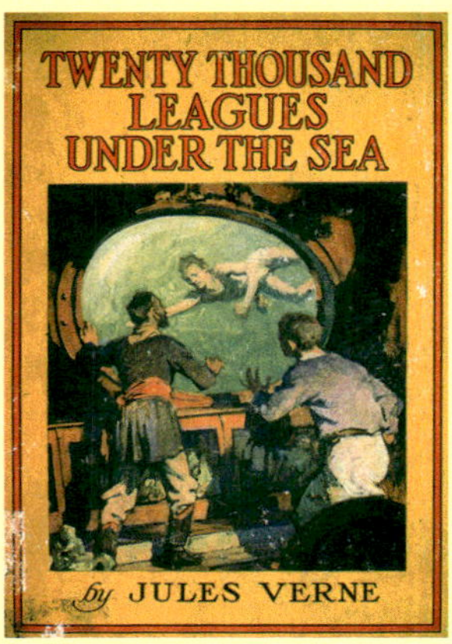

tionsleiter vorgesehen. Doch Markham schlägt seinen neuen Freund Robert Scott vor, dessen Zielstrebigkeit ihm gefällt. Scott hat zwar, wie er selbst zugibt, „keine Vorliebe für die Polarforschung“, doch er sagt sofort zu. Endlich sieht er einen Weg, berühmt zu werden.

**Wissen spezial**

**Was ist Schelfeis?**
Schelfeis besteht aus riesigen, zusammenhängenden Eisplatten, die von Gletschern ins Meer geschoben werden. An den Rändern brechen regelmäßig Eisberge ab. Man sagt, der Gletscher „kalbt“. Dabei können Eisberge entstehen, die größer als das Land Luxemburg sind.

## Unterwegs im ewigen Eis

Am 6. August 1901 sticht Scott mit der „Discovery“ in See, die eigens für die Expedition gebaut worden ist. Fünf Monate später erreicht der Dreimaster das Rossmeer, wo das Schiff für zwei Jahre im Südpolareis festfriert. Sie haben genügend Vorräte an Bord, um zweimal zu überwintern. Scott erforscht in der Zwischenzeit das **Schelfeis** und steigt sogar mit einem Ballon auf, um sich einen Überblick aus großer Höhe zu verschaffen. Allerdings ist der Ballon gleich nach diesem ersten Einsatz so stark beschädigt, dass er nicht noch einmal eingesetzt werden kann. Schließlich entscheidet sich Scott, mit zwei Begleitern aufzubrechen, um den Südpol zu erreichen. Doch das Unternehmen ist schlecht vorbereitet, und die drei Abenteurer haben keine Erfahrung im Campieren.

Blick in ein Expeditionslager

Bei tiefsten Temperaturen war das Ziehen der Schlitten besonders mühsam.

Sie müssen erst lernen, wie man Zelte aufstellt und die Kocher bedient. Auch mit den Schlitten und den Hunden, die sie noch nie geführt haben, können sie nicht umgehen. Einer der Männer leidet zeitweise an Schneeblindheit, der andere an Skorbut. Schon nach kurzer Zeit sind sie gezwungen aufzugeben und zum Schiff zurückzukehren. Immerhin kann Scott die „Discovery“ im Frühjahr 1904 befreien, indem er das Eis mit Dynamit sprengt.

**Wissen spezial**

**Eine sichere Station: das Basislager**

Ein Basislager einer Polexpedition war kein Zelt, sondern ein festes Gebäude aus Holz, das meist auf festem Boden gebaut wurde. Es diente als Lager für die Lebensmittel und bot mehr Platz als die Kabinen auf dem Schiff. Scotts Basislager steht noch heute.

Scott gibt sein Vorhaben nicht auf. Unbedingt will er als erster Mensch den Südpol erreichen. Er denkt bereits darüber nach, wie er aus dem möglichen Erfolg bares Geld machen könnte. Eine weitere Expedition soll zur Antarktis aufbrechen: Erneut gelingt es Scott, die Leitung zu übernehmen.

Im Juni 1910 sticht er mit der „Terra Nova“ in See und errichtet nach der Ankunft sofort ein großes **Basislager**. Doch plötzlich erfährt er, dass er nicht der Einzige auf dem Weg zum Südpol ist. Kurzfristig hat sich der Norweger Roald Amundsen (1872–1928) entschieden, nicht, wie ursprünglich ge-

Kaiserpinguine sind an die Kälte der Antarktis gut angepasst.

plant, den Nordpol anzupeilen, sondern ebenfalls den Südpol. Amundsen baut sein Basislager direkt auf dem gefährlichen Schelfeis und muss daher über 100 Kilometer weniger zum Pol zurücklegen als Scott. Kann Scott diesen Vorsprung einholen?

## Wettrennen mit ungleichen Voraussetzungen

Beide Forscher wissen, dass ihre Expeditionen zu einem Wettrennen werden. Fast gleichzeitig brechen beide Teams im Oktober 1911 von ihren Basislagern aus auf. Rund 1000 Kilometer liegen vor ihnen. Während Scott und seine Begleiter mit **Motorschlitten** ausgerüstet sind, setzen Amundsen und sein Team auf Hundeschlitten und auf Skier. Im Gegensatz zu Scott hat Amundsen viel Erfahrung in der Arktis gesammelt und von den Inuit das Überleben

**Wissen spezial**

**Motorschlitten – modern und unbrauchbar**

Die damaligen Motorschlitten galten zwar als modern, waren aber technisch nicht ausgereift und sehr anfällig. Sie hatten ein hohes Gewicht und konnten leicht auf dünnem Eis einbrechen. Erst in den 1930er-Jahren wurden funktionsfähige Motorschlitten entwickelt.

Expeditionsteam um Robert F. Scott

Amundsen hisste am Südpol die norwegische Flagge.

im ewigen Eis gelernt. Da er lange mit den Schlittenhunden trainiert hat, schafft er bis zu 30 Kilometer am Tag. Die Motorschlitten von Scott versagen jedoch bald, sodass Scotts Männer die Schlitten mit dem Proviant und den Zelten selbst ziehen müssen. Daher schaffen sie täglich höchstens 20 Kilometer. So haben sie gegen den erfahrenen Amundsen keine Chance, der am 14. Dezember 1911 den Südpol erreicht und dort ein Lager aufschlägt, um genaue Messungen durchzuführen. „Wild wie kein anderes Land unserer Erde liegt es da, ungesehen und unbetreten“, schreibt er über die endlose Eiswüste in sein Tagebuch.

Huskys sind ideale Schlittenhunde.

Amundsen ist fast schon wieder in seinem Basislager angekommen, als Scott am 18. Januar 1912 den Südpol erreicht. Enttäuscht und verzweifelt steht Scott vor dem Zelt des Norwegers, der vor ihm den Südpol erreicht hat! Doch Scott verliert noch mehr als das Rennen zum Südpol. Er hat zu wenig Proviant und Brennstoff für die Kocher mitgenommen. Noch dazu kommt es zu einem Temperatursturz und zu heftigen Schneestürmen. Bei minus 40 Grad kommen die fünf Männer kaum voran. Ein Mann nach dem anderen stirbt, die Letzten, darunter auch Scott, nur 15 Kilometer von einem rettenden Zwischenlager entfernt.

Neue Forschungsstätte der amerikanischen Amundsen-Scott-Südpolstation

## Forschungsstationen am Südpol

Wenn auch nach Scotts Aufbruch vom Südpol weitere Expeditionen stattfinden, so dauert es doch ganze 44 Jahre, ehe wieder ein Mensch den Fuß auf den südlichsten Punkt der Erde setzt. Am 31. Oktober 1956 landet der amerikanische Pilot George Dufek (1903–1977) mit sechs Begleitern in unmittelbarer Nähe des Südpols mit einer zweimotorigen Transportmaschine. Die Amerikaner erkunden das Gebiet, um den möglichen Bau einer Forschungsstation vorzubereiten. In Sichtweite des Südpols wird 1956 tatsächlich eine Forschungsstation eingerichtet, die den Namen Amundsen-Scott-Südpolstation erhält. Die Zeit der Wettläufe ist damit endgültig vorbei. In dieser und anderen Stationen beginnt eine umfassende Erforschung der Antarktis. Von besonderem Interesse sind dabei die Gletscher und ihre Bewegungen. Mit **seismischen Messgeräten** wird die Dicke der Eisdecke ermittelt. Bohrungen geben Auskunft über den Klimawandel. Dank einer Versorgung aus der Luft müssen Forscher heute keine wochenlangen Fußmärsche mehr überstehen, um die Antarktis zu erforschen, wie Scott und Amundsen damals.

**Wissen spezial**

**Seismische Messgeräte**

Durch kleine Explosionen werden seismische Wellen ausgelöst, die wie Schallwellen das Eis durchdringen und von den Felsen unter dem Eis zurückgeworfen werden. Mit seismischen Messgeräten lässt sich anhand der reflektierten Wellen die Dicke des Eises berechnen.

# Hals- und **Beinbruch!**

*Abenteuerflüge über unbekanntem Land*

*1919 in Surabaya, Indonesien*

„Wie sieht der Boden aus?"

„Schlecht, sehr schlecht. Völlig durchgeweicht vom Regen."

„Dann zieh die Maschine wieder hoch!"

„Wo sollen wir dann hin? Der Sprit ist aus, und der Regen wird immer heftiger. Wir müssen runter."

„Gut. Das wird eine weiche Landung."

„Worauf du dich verlassen kannst. Also: Hals- und Beinbruch!"

„Hals- und Beinbruch! Verflucht, gibt der Boden nach. Der reinste Sumpf!"

„Was habe ich gesagt, eine weiche Landung."

„Zu weich. So kurz vor dem Ziel. Wie sollen wir hier wieder starten?"

„Indem wir uns eine Startbahn basteln."

„Etwa aus einem Bastelbogen? Wirklich, sehr komisch!"

„Nein, aus Bambus. Der wächst hier nämlich in rauen Mengen. Los, wir haben nicht viel Zeit!"

*Die Brüder Ross Smith und Keith Smith bei einer Notlandung*

Der Fokker-Dreidecker war ein gefürchtetes deutsches Jagdflugzeug.

Noch zu Beginn des Ersten Weltkriegs glauben die Generäle beider Seiten, dass Flugzeuge keine entscheidende Bedeutung für den Krieg haben werden. Dennoch werden sie als Aufklärer eingesetzt, um die feindlichen Linien zu beobachten. Doch schnell merken die militärischen Führungen, dass mit Maschinengewehren und Bomben ausgerüstete Flugzeuge eine neue und gefährliche Waffe sind. Die Ingenieure arbeiten rund um die Uhr, um immer bessere, schnellere und zuverlässigere Flugzeuge für den Luftkrieg zu entwickeln. Als der Krieg vorbei ist, stehen auf vielen Flugplätzen hochmoderne Flugzeugmodelle, die nicht mehr benötigt werden. Jedenfalls nicht, um feindliche Stellungen und Städte anzugreifen.

Nach dem Krieg suchte man für die Flugzeuge nach neuen Einsatzgebieten.

## Ein Preisgeld für den besten Piloten!

Für die inzwischen erfahrenen Piloten finden sich jedoch schnell andere Möglichkeiten, um ihr Können unter Beweis zu stellen. Wie elektrisiert lesen sie 1919 in der Zeitung, dass die australische Regierung 10.000 Pfund für den ersten Flug von England nach Australien bietet. Der Flug darf nicht länger als 30 Tage dauern. Sofort machen sich sechs Teams an die Arbeit und rüsten nicht mehr benötigte Militärmaschinen für den Langstreckenflug um. Zu den begeisterten Teilnehmern gehören auch die australischen Brüder Ross Smith (1892–1922) und Keith Smith (1890–1955). Da ihre Eltern aus

> Wissen spezial
>
> **Vickers „Vimy"**
> Die Vickers „Vimy" war ein zweimotoriger Doppeldecker mit offener Kabine. Die Piloten saßen also im Freien. Das Flugzeug wurde 1917 konstruiert und für viele Rekordflüge eingesetzt. Auch die erste Atlantiküberquerung 1919 fand mit einer Vickers „Vimy" statt.

Schottland stammen, besuchen sie nicht nur in Australien, sondern auch in Schottland die Schule. Beide nehmen als Piloten am Ersten Weltkrieg teil. Ihr Flugzeug ist eine **Vickers „Vimy"**, die nicht mehr zum Einsatz kam. Die Brüder sind fest entschlossen: Sie wollen das **Preisgeld** über 10.000 Pfund gewinnen. Um Reparaturen ausführen zu können, sind auch zwei Mechaniker an Bord. Die ersten Teams sind im Oktober mit ihren Vorbereitungen fertig und starten umgehend.

## Flüge über unbekanntes Land

Die Brüder Smith können erst am 12. November 1919 abheben und fliegen zunächst nach Lyon in Frankreich. Von dort geht es weiter über Pisa, Tarent und Kreta Richtung

**Thema** | **Preisgelder für Rekorde**

*Gleich nach den ersten erfolgreichen Flügen der Flugpioniere Orville und Wilbur Wright setzten Zeitungen und Millionäre hohe Geldpreise für Flugrekorde aus. Die englische „Daily Mail" bot 1000 Pfund für die Überquerung des Ärmelkanals, die 1909 dem Franzosen Louis Blériot*

*gelang. Ein New Yorker Hotelier bot 25.000 Dollar für die Nonstop-Überquerung des Atlantiks, die 1927 Charles Lindbergh gewann. Für fast jede Strecke war ein Preisgeld ausgesetzt, das viele Piloten reizte, das hohe Risiko einzugehen.*

Preisgeldverleihung für die Flugpioniere John Alcock und Arthur Whitten Brown

Die Motoren mussten bei Langstreckenflügen regelmäßig gewartet werden.

Ägypten. Über dem Mittelmeer gerät die Maschine in einen Sturm. Nur mit großer Mühe erreichen die Abenteurer Kairo. Als sich das Wetter nicht bessert, müssen sie bei Sturm starten, denn sie haben sich vorgenommen, jeden Tag 1000 Kilometer zu schaffen. Doch wegen des andauernden schlechten Wetters legen sie oft nur die Hälfte des Weges zurück. Auch Zwischenstopps erweisen sich als schwierig, denn kaum eine Stadt im Nahen oder Fernen Osten besitzt einen ausgebauten Flugplatz mit einer richtigen Landebahn. Auf dem Flug von Damaskus nach Ramadi im Irak beobachten die Brüder Sandstürme aus der Luft. „Die Dünen der Wüste sehen von hier oben aus wie die Wellen der Ozeane“, staunt Keith Smith, als er die vorbeiziehende Landschaft unter sich betrachtet. „Hier notzulanden wäre der sichere Tod!“

Für die Navigation nehmen die beiden Piloten einen Kompass und Landkarten zu Hilfe. Doch die Karten sind sehr ungenau: Flüsse und Gebirgszüge haben einen anderen Verlauf, viele Orte sind gar nicht erst verzeichnet. Das erschwert natürlich die Navigation, denn trotz Kompass orientieren sich Ross und Keith an **Landmarken**. Vor allem im Nahen und Fernen Osten scheint die Erde streckenweise noch vollkommen unbekannt zu sein. Gleichzeitig erkennen die Brüder, welch ideales Mittel das Flugzeug zur Erforschung abgelegener Gebiete ist. Von hier oben kann die Welt noch einmal ganz neu entdeckt werden!

**Wissen spezial**

**Was sind Landmarken?**
Früher orientierten sich Piloten an Landmarken, das sind auffällige Objekte in der Landschaft wie Leuchttürme, Bahnschienen, Flüsse oder Berge. Sie wurden auch in die Karten eingetragen. Nach jedem Flug über unbekannte Gebiete gab es daher neue Karten.

## Wer wagt, gewinnt!

Allerdings sind solche Erkundungsflüge auch besonders gefährlich: Über Thailand geraten sie in einen tropischen Regen, der so heftig ist, dass sie die Hand vor Augen nicht mehr sehen können. Nicht nur einmal streift ein Flügel eine Baumkrone, und sie

Auffällige Städte wie Palmanova in Italien wurden als Landmarken genutzt.

Heute können Flugzeuge in der Luft betankt werden, was früher nicht möglich war.

drohen abzustürzen. Nur mit Mühe und viel Glück erreichen sie Bangkok. Noch schlimmer kommt es in Surabaya in Indonesien, wo das Fahrgestell der Maschine bei einer Notlandung tief in den aufgeweichten Boden einsinkt. Der Flug scheint zu Ende zu sein. Die Brüder versuchen, eine provisorische Startbahn aus Bambusmatten über den Sumpf zu legen. Ob so der Start gelingt? Tatsächlich! Die Bambusstangen tragen das Flugzeug, und Keith zieht die Maschine wieder hoch in den Himmel. Am 10. Dezember 1919 landen Ross und Keith mit ihren Mechanikern in Port Darwin an der Nordküste Australiens, genau 52 Stunden, bevor die Frist verstrichen wäre. Wider Erwarten sind sie die Ersten. Nur ein zweites Team schafft es noch nach ihnen, während die anderen unterwegs aufgeben müssen. Dennoch war jetzt bewiesen: **Langstreckenflüge** dieser Art sind möglich. Und sie verändern das Leben der Menschen, da Städte und Kontinente schneller als bisher erreicht werden können.

**Wissen spezial**

**Langstreckenflüge**

Zu Beginn der Luftfahrt galt bereits ein Flug über 1500 Kilometer als ein Langstreckenflug (heute sind es über 3500 Kilometer). Bei noch längeren Flügen brauchten die Maschinen zusätzliche Benzintanks, wodurch die Flugzeuge jedoch sehr schwer wurden.

Noch in 1920er-Jahren saßen die Piloten in offenen Kanzeln.

## Nächstes Ziel: Südafrika

Unmittelbar nach der Landung der Brüder Smith in Australien gibt die britische Regierung bekannt, dass nun auch in Afrika mehrere Flugplätze eingerichtet seien, die einen Flug von London nach Kapstadt ermöglichten. Ein neuer Wettlauf beginnt! Wieder gehen mehrere Teams an den Start. Die Südafrikaner Christopher Quintin-Brand (1983–1968) und Pierre van Ryneveld (1891–1972) starten am 20. Februar 1920 in Südengland. Wie die Brüder Smith geraten auch sie mit ihrer Vickers „Vimy" über dem Mittelmeer in einen Sturm. Mehr als einmal überlegen sie, ihren Flug abzubrechen, erreichen dann aber doch Kairo. Auf der nächsten Etappe zwingt ein leckender Kühler die Piloten zu einer nächtlichen Notlandung im sudanesischen Wadi Halfa. Die Maschine trifft bei völliger Dunkelheit auf einen Felsen in der Wüste und bricht auseinander. Doch die Piloten haben Glück: Sie sind unverletzt und bekommen von der südafrikanischen Regierung eine neue Vickers gestellt. Der

Schlechtes Wetter war eine große Gefahr für die Piloten.

Flug kann weitergehen! Die Etappe nach Bulawayo in Südrhodesien, dem heutigen Simbabwe, ist die gefährlichste, denn sie führt über die kaum erforschten Regenwälder Zentralafrikas. Rund 6400 Kilometer müssen Quintin-Brand und van Ryneveld überwinden. Zwar sind sie nach wie vor fest entschlossen, ihr Ziel zu erreichen, doch haben sie nach der Bruchlandung ein flaues Gefühl im Magen. Ihre Sorgen sind nicht unbegründet, denn in Bulawayo streift die vollgetankte Maschine beim Start auf der kurzen **Dschungelpiste** mehrere Bäume und stürzt ab. Wie durch ein Wunder überleben die Piloten auch diesen Absturz. Dieses Mal gelingt es der südafrikanischen Regierung, eine alte Maschine der Luftwaffe aufzutreiben, mit der Quintin-Brand und van Ryneveld ihren Flug fortsetzen und am 20. März 1920 glücklich in Kapstadt landen. Der Jubel ist groß! Auch wenn sie nur knapp mit dem Leben davongekommen sind, ist den Piloten bewusst, dass wieder ein Stück Erde durch ihren Flug bekannt geworden ist und langsam die dunklen Flecken auf den Landkarten verschwinden.

**Wissen spezial**

**Dschungelpisten**

Um in Afrika genügend Flugplätze zu haben, ließen die Engländer Landebahnen in den Dschungel schlagen. Dazu mussten Bäume gefällt und auch Wurzeln ausgegraben werden. Da der Aufwand sehr groß war, entschied man sich für möglichst kurze Pisten.

Rekordversuch heute: Steve Fossett will den Höhenrekord im Segelfliegen brechen.

# Im Grab **des Tutanchamun**

*Archäologen auf Zeitreise ins alte Ägypten*

*1922 in Oberägypten*

„Das königliche Siegel! Es scheint tatsächlich unverletzt zu sein!"

„Sie haben recht. Diese Wand wurde vor mehr 3000 Jahren verschlossen. Seitdem hat kein Mensch mehr dahinter geblickt."

„Dann erfüllen sich meine Träume doch noch. Ich kann es kaum erwarten."

„Nur Geduld. Die Arbeiter müssen erst ein Loch in die Steinplatte schlagen."

„Halten Sie die Kerze hoch, damit wir einen Blick hineinwerfen können."

„Sehen Sie, Lord, ist das nicht unglaublich! Das Grab ist viel größer, als wir gedacht haben."

„Schimmerndes Gold, wohin man sieht. Die Wandmalereien, sehen Sie nur! Und dort, der Sarkophag!"

„Fantastisch! Danach habe ich fast 20 Jahre gesucht."

*Howard Carter und Lord George Carnarvon öffnen die Grabkammer Tutanchamuns.*

In Kensington, einem Stadtteil von London, lebt der Maler und Zeichner Samuel Carter, der sich darauf spezialisiert hat, Tiere darzustellen. Auch sein Sohn Howard, der 1874 geboren wird, hat ein ungewöhnliches Zeichentalent. Da er vor allem von seinen Tanten unterrichtet wird und keine öffentliche Schule besucht, hat er genügend Zeit, seinem Vater im Atelier zu helfen. Zu den Kunden der Carters zählen auch einige Archäologen, die ihnen ägyptische Zeichnungen bringen, die die Carters kopieren sollen. Der junge Howard kann dies so gut, dass ihn die Egypt Exploration Fund, eine Stiftung zur Erforschung der ägyptischen Geschichte, anstellt. Mit 17 Jahren nehmen ihn englische Archäologen mit nach Ägypten, damit Carter Wandmalereien kopiert und Zeichnungen von Fundstücken anfertigt.

Howard Carter hat nie eine Universität besucht.

Im Jahr 1892 trifft Carter den berühmten Archäologen Flinders Petrie (1853–1942), der ihm später ein wichtiger Lehrmeister werden soll. Flinders' Vater ist Landvermesser. Oft nimmt er seinen Sohn auf seine Reisen mit und zeigt ihm den Umgang mit dem Messgerät. Als die Familie Besuch von Freunden des Vaters erhält, die an der Ausgrabung eines römischen Hauses beteiligt sind, protestiert Flinders. Die Forscher berichten, sie würden die Erde einfach wegschaufeln, um an die antiken Mauern zu gelangen. Der Achtjährige erklärt den erstaunten Erwachsenen jedoch, dass man die Erdschichten mit größter Sorgfalt Zentimeter für Zentimeter abtragen muss, wenn man alle

Um ägyptische Wandzeichnungen zu untersuchen, müssen sie auf Papier übertragen werden.

**Artefakte** sichern will. Diese Methode hatte er in keinem Buch gelesen, sondern als selbstverständlich angesehen. Später, als er bereits bekannt ist, beantwortet er die Frage, woher seine Methoden stammen, mit der einfachen Erklärung: „Ich war von Natur aus schon immer ein Archäologe."

Wissen spezial

**Was sind Artefakte?**
Alle Gegenstände, die von Menschen angefertigt wurden, nennen Archäologen Artefakte. Bei einer Ausgrabung kommt es entscheidend darauf an, unauffällige Artefakte, etwa die Scherben eines Tonkrugs, von natürlichen Dingen wie Steinen zu unterscheiden.

## Carter und der reiche Lord

Von Flinders Petrie lernt Carter, wie eine Ausgrabung organisiert und ausgeführt wird. Er lernt, mit Bürsten und Pinseln umzugehen und alle Funde genau in Lagepläne einzutragen. An einer Universität hätte er diese Techniken nicht lernen können, denn die Archäologie ist noch kein Studienfach. Das wird sie erst, als Flinders Petrie 1892 zum ersten Professor für Archäologie an der Universität von London ernannt wird. Auch Carter findet 1900 eine gute Anstellung, denn die ägyptischen Behörden setzen ihn als Verantwortlichen für die antiken Fundorte in Unter-

Im Tal der Könige wurden viele ägyptische Pharaonen bestattet.

Auf der Wandmalerei ist rechts der Gott Anubis zu sehen, der die Einbalsamierung der Mumie überwachte.

ägypten ein. Am liebsten würde er sofort eine eigene Ausgrabung leiten, doch ihm fehlt das Geld, das man benötigt, um die vielen Arbeiter zu bezahlen. Obwohl er inzwischen viele Methoden beherrscht und Hinweise auf vielversprechende Grabungsstätten gesammelt hat, sind ihm die Hände gebunden. Carter ist verzweifelt, denn weniger erfahrene, aber reiche Hobbyarchäologen reisen aus England an und durchstöbern die Wüste.

Auch der Engländer Lord George Carnarvon (1866–1923) ist vom alten Ägypten begeistert und hegt Pläne für

Um nichts zu beschädigen, arbeiten Archäologen mit Bürsten und Pinseln.

Auch Spiele zählten zu den Grabbeigaben.

groß angelegte Grabungen. Die ägyptische Regierung will sein Vorhaben allerdings nur genehmigen, wenn er einen erfahrenen Archäologen als Leiter verpflichtet. Carter hat Glück, denn die Regierung schlägt ihn als Archäologen vor. Die beiden Männer finden sich vom ersten Augenblick an sympathisch und gehen sofort an die Arbeit. Zunächst graben sie in Theben und legen dort die Grabkammern der Pharaonen Amenophis I. und Amenophis III. frei. Die Grabkammern sind allerdings leer. „Man müsste ein ungeöffnetes Grab entdecken – eine Grabkammer, die noch nicht im Laufe der Zeit von Grabräubern geplündert worden ist“, denkt sich Carter. Carter und Carnarvon setzen ihre Arbeit fort in der Hoffnung, doch noch auf einen sensationellen Fund zu stoßen. Doch die Chancen dafür sind sehr gering, bis Carter 1905 im **Tal der Könige** einige Scherben findet, auf denen der Name des ägyptischen Pharaos Tutanchamun steht. Seine Grabstätte ist noch unbekannt.

Grabbeigaben dienten dem Leben der Pharaonen im Jenseits.

**Wissen spezial**

**Im Tal der Könige**

Das Tal der Könige ist eine Totenstadt, in der von 1500 bis 1000 v. Chr. etwa 65 Grabkammern für Pharaonen in den Fels getrieben wurden. Das Tal liegt in der Nähe der Stadt Theben. Fast alle Gräber sind von Grabräubern geplündert worden.

## Rätselhafte Hieroglyphen?

Dass Carter den Namen des Pharaos überhaupt lesen kann, verdankt er dem französischen Sprachwissenschaftler Jean-François Champollion (1790–1832). Mit zwölf Jahren wird Champollion von einem Bekannten, der lange in Ägypten war, auf die **Hieroglyphen** aufmerksam gemacht, die niemand entziffern kann. Champollion beschließt, dieses Rätsel zu lösen, und studiert in Paris alte Sprachen. Dort stößt er auf den Stein von Rosetta, den ein französischer Offizier am Nil gefunden hat. Auf dem Stein ist ein Text in drei verschiedenen Sprachen eingemeißelt, nämlich in ägyptischen Hieroglyphen, in Demitisch, einer in Ägypten gesprochenen Sprache, und in Altgriechisch. Der Stein ist zwar stark verwittert, und an der oberen Ecke fehlt ein ganzes Stück des Hieroglyphentextes, doch die altgriechische Version ist gut lesbar. Champollion arbeitet von 1809 bis 1822 an der Entschlüsselung der Hieroglyphen, bis er endlich die Lösung findet. Von nun an gelingt es Ägyptenforschern wie Carter, die Schriften der alten Ägypter zu entziffern.

Der Stein von Rosetta: entscheidende Hilfe bei der Entzifferung der Hieroglyphen

**Wissen** ***spezial***

**Rätselhafte Hieroglyphen**

Die Hieroglyphen-Schrift wurde vor rund 5200 Jahren in Ägypten entwickelt. Lange Zeit glaubte man, die Hieroglyphen seien eine reine Bilderschrift. Erst Champollion fand heraus, dass die meisten Zeichen für Laute stehen, ähnlich wie bei unserer Buchstabenschrift.

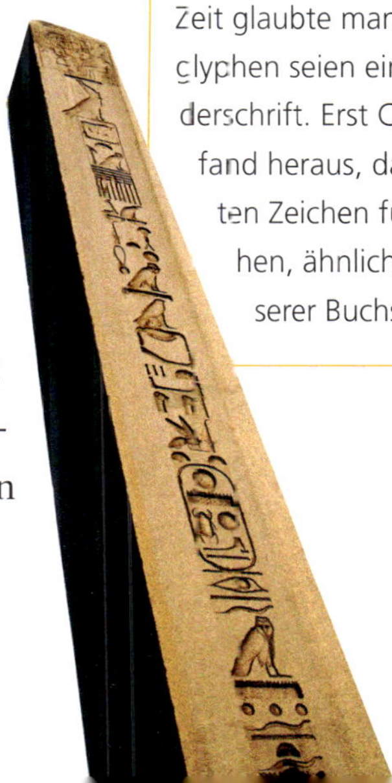

Howard Carter und sein Mitarbeiter untersuchen den Sarkophag Tutenchamuns.

## Hinab in das Grab des Tutanchamun

Als Carter auch noch einen Becher mit dem Namen des Pharaos findet, ist er sich sicher: Das Grab Tutanchamuns muss im Tal der Könige liegen. Doch erst nach dem Ende des Ersten Weltkriegs kann er mit der ersehnten Suche beginnen, die rund fünf Jahre dauert. Er lässt Berge von Schutt abtragen und erlebt herbe Enttäuschungen, wenn vielversprechende Spuren am Ende doch ins Leere laufen. Noch dazu muss er mehrmals Lord Carnarvon überreden, weiteres Geld zur Verfügung zu stellen. Doch Carter gibt nicht auf: Am 4. November 1922 stößt er in Theben-West am Rand der Wüste auf eine Treppenstufe und hält den Atem an. Tonnenweise Schutt muss weggeräumt werden, bevor Carter endlich vor der Grabkammer steht. Sie ist tatsächlich noch ungeöffnet. Gemeinsam mit Lord Carnarvon tritt er ein und findet eine Vielzahl von Grabbeigaben, darunter einen Streitwagen, viele Gefäße, Schreibzeug und Waffen. Er entdeckt den Sarkophag des Pharaos: Er ist aus Stein, und in seinem Inneren befindet sich ein wei-

### Wissen spezial

**Wie entsteht eine Mumie?**

Eine Mumie ist eine Leiche, die durch verschiedene Maßnahmen vor dem Verwesen bewahrt wurde. Die Ägypter entfernten ihren toten Pharaonen die Eingeweide, behandelten die Körper mit Harzen und Ölen und wickelten sie abschließend in Tücher ein.

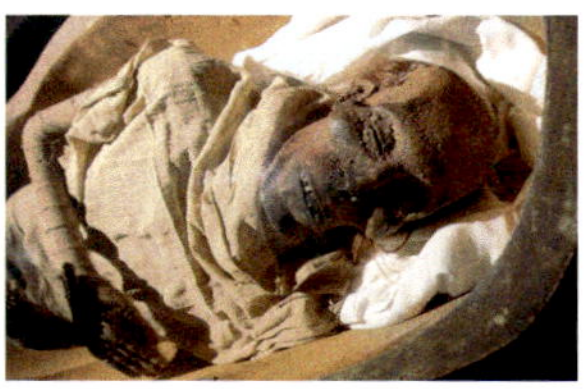

terer Sarg aus reinem Gold. Der Kopf der **Mumie** Tutanchamuns ist von einer goldenen Totenmaske bedeckt. Carter geht äußerst sorgfältig vor und lässt sich zehn Jahre Zeit, das Grab auszuräumen. Dabei fotografiert er jeden Gegenstand und versucht, so viel wie möglich über den Pharao zu erfahren, der nur etwa 20 Jahre alt wurde.

Lord Carnarvon starb vermutlich an einer Blutvergiftung, hervorgerufen durch den Stich einer Anophelesmücke.

Nach dem plötzlichen Tod Lord Carnarvons verbreitet sich der Mythos vom **Fluch des Pharaos**, der sich später allerdings als reiner Aberglaube herausstellt. Bis heute gilt das Grab des Tutanchamun als der bedeutendste archäologische Fund in Ägypten und zieht jährlich Millionen von Besuchern an, die wie Howard Carter damals die Gänge der Felskammer erkunden.

**Thema** **Der Fluch des Pharaos**

*Da die alten Ägypter an ein Leben nach dem Tod glaubten, legten sie in die Gräber ihrer Pharaonen wertvolle Gegenstände. Der Pharao sollte sein Leben im Jenseits fortführen können. Um Grabräuber abzuschrecken, wurden die Gräber von Priestern mit Flüchen belegt. Da es immer wieder rätselhafte Todesfälle von Archäologen oder Ägyptenforschern gab, glaubten manche Menschen an den Fluch des Pharaos. Später stellte sich jedoch heraus, dass die Todesfälle auf einen giftigen Pilz zurückzuführen sind, der sich im Laufe der Zeit in den Grabkammern gebildet hat.*

# Und alles wegen **dieser Eiswüste?**

*Die Entdeckung des Nordpols*

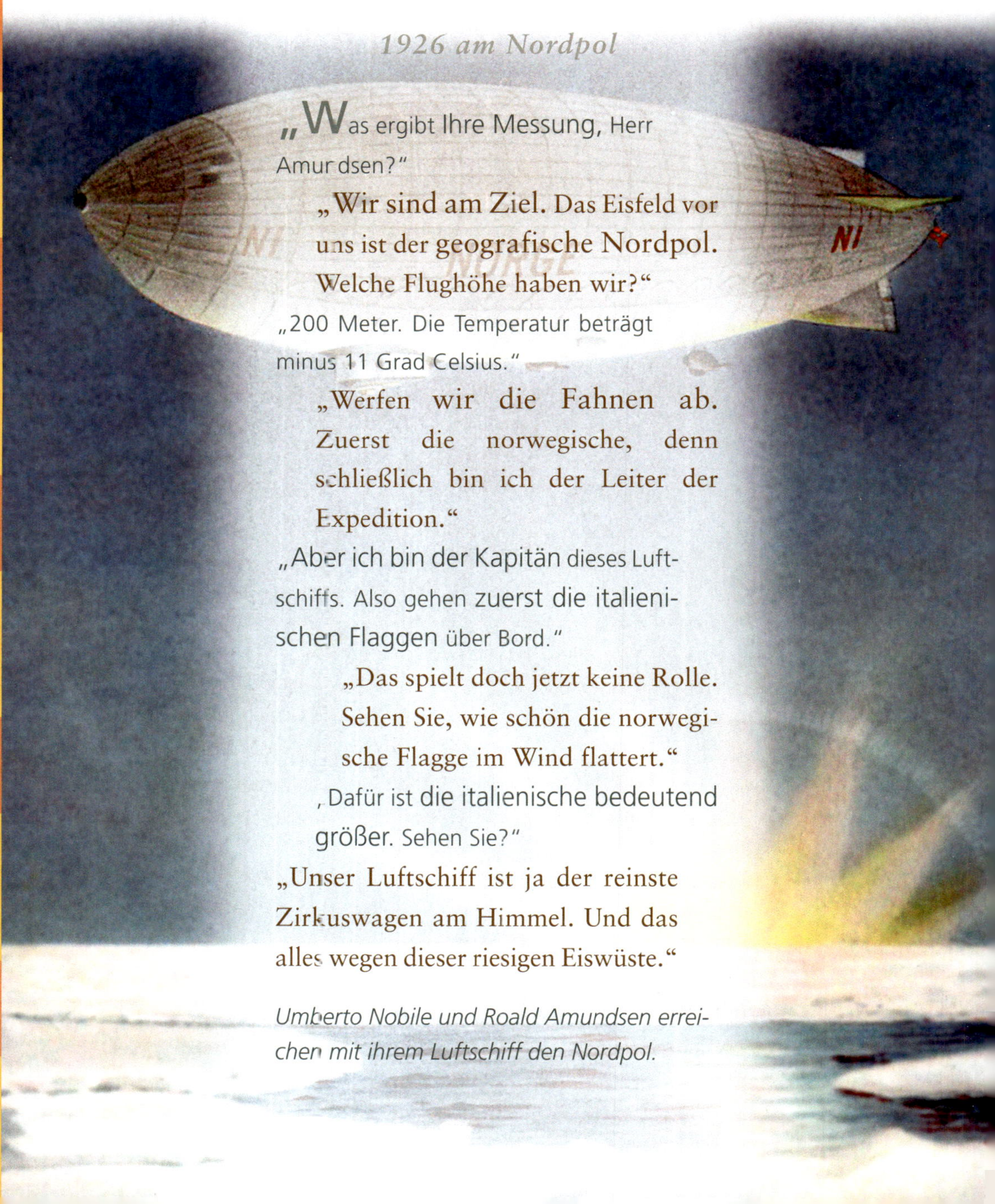

*1926 am Nordpol*

„Was ergibt Ihre Messung, Herr Amundsen?"

„Wir sind am Ziel. Das Eisfeld vor uns ist der geografische Nordpol. Welche Flughöhe haben wir?"

„200 Meter. Die Temperatur beträgt minus 11 Grad Celsius."

„Werfen wir die Fahnen ab. Zuerst die norwegische, denn schließlich bin ich der Leiter der Expedition."

„Aber ich bin der Kapitän dieses Luftschiffs. Also gehen zuerst die italienischen Flaggen über Bord."

„Das spielt doch jetzt keine Rolle. Sehen Sie, wie schön die norwegische Flagge im Wind flattert."

„Dafür ist die italienische bedeutend größer. Sehen Sie?"

„Unser Luftschiff ist ja der reinste Zirkuswagen am Himmel. Und das alles wegen dieser riesigen Eiswüste."

*Umberto Nobile und Roald Amundsen erreichen mit ihrem Luftschiff den Nordpol.*

Roald Amundsen (1872–1928) ist das fünfte Kind eines reichen norwegischen Reeders. Kaum hat er lesen gelernt, fällt ihm ein Buch des englischen Polarforschers John Franklin (1786–1847) in die Hände. Roald ist derart fasziniert von den Schilderungen des Engländers, dass er beschließt, ebenfalls Polarforscher zu werden. Er besorgt sich jedes nur erreichbare Buch über die Polarregionen und deren Erforschung. Für die Schule interessiert er sich hingegen immer weniger. Stattdessen unternimmt er Wanderungen in die Berge und erkundet die dortigen Gletscher, um sich auf seinen späteren Beruf vorzubereiten. Ohne große Lust beginnt Roald 1890 auf Wunsch der Mutter ein Studium an der Universität in Oslo. Als seine Mutter 1893 stirbt, verlässt er sofort die Universität und heuert als Matrose auf einem Schiff an. Zwei Jahre später ist Roald bereits Steuermann und schafft es tatsächlich, 1896 an einer belgischen Expedition in die Antarktis teilzunehmen. Da er für seine Mitarbeit viel Lob erhält, wird der bekannte Polarforscher Fridtjof Nansen (1861–1930) auf ihn aufmerksam und unterstützt ihn. Diese Chance lässt sich Amundsen nicht entgehen und bereitet sofort eine eigene Expedition vor. Er kauft ein fast 30 Jahre altes Schiff, die „Gjøa", um die Nordwestpassage zu erforschen.

Bücher von Polarforschern waren sehr beliebt.

## Suche nach der Nordwestpassage

Seit der Entdeckung der Magellanstraße 1520 hatten viele Kapitäne versucht, einen nördlichen Seeweg zwischen dem Pazifik und dem Atlantik um Nordamerika herum zu finden. Auch Sir Francis Drake und James Cook waren an dieser Suche beteiligt – allerdings erfolglos. John Franklin,

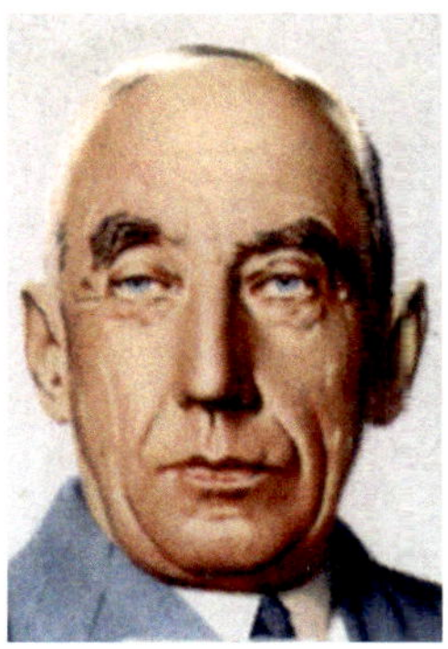

Roald Amundsen: erfolgreichster Polarforscher des 20. Jahrhunderts

Im 19. Jahrhundert wurde intensiv nach der Nordwestpassage gesucht.

den sich Amundsen bald zum Vorbild nehmen wird, bricht im Mai 1845 mit zwei Schiffen und 129 Mann Besatzung auf, um im Auftrag der britischen Regierung die Nordwestpassage zu finden. Er soll die Passage mithilfe des **Sextanten** genau kartieren, um Handelsschiffen einen kurzen Seeweg zwischen Europa und Asien zu ermöglichen. Seine Schiffe sind moderne, gepanzerte Kriegsschiffe, die sogar Dampfmaschinen an Bord haben. Die Vorräte an Bord reichen für drei Jahre. Franklin ist ein erfahrener Kapitän, aber kein erfahrener Arktisforscher. Er verlässt sich ganz auf seine Vorräte und seine moderne Ausrüstung. Auf Gewehre für die Robbenjagd verzichtet er. Ebenso auf Schlitten, um sich auf dem Eis bewegen zu kön-

nen. „Die Expedition wird sowieso nur ein Jahr dauern“, versichert er seiner Mannschaft. Schon gar nicht sucht er den Kontakt zu den Inuit, die in der Polarregion leben. Er hält sie für Wilde, denen ein Europäer, noch dazu ein Offizier der britischen Marine, meilenweit überlegen ist. Von den Inuit Ratschläge für das Überleben in der Arktis anzunehmen, wäre für ihn undenkbar.

**Wissen spezial**

**Was ist ein Sextant?**

Ein Sextant ist ein nautisches Gerät, mit dem sich der Winkel zwischen dem Horizont und einem Himmelskörper messen lässt. Es wird für die Navigation auf See verwendet. Nur so konnten die Forscher damals feststellen, ob sie ihr Ziel erreicht hatten.

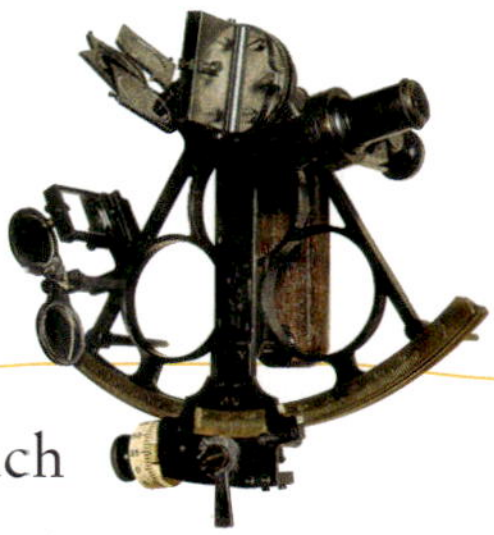

## Gefangen im Packeis

Nach einer erfolgreichen Überwinterung geraten Franklins Schiffe im September 1846 ins Packeis, aus dem sie nicht mehr zu befreien sind. Immer mehr Mitglieder der Besatzung erkranken an Skorbut und einer Bleivergiftung, die durch unsauber hergestellte Konservendosen hervorgerufen wurde. Auch John Franklin wird krank. Ohne sein Ziel erreicht zu haben, stirbt er am 11. Juni 1847. Voller Verzweiflung versuchen die noch lebenden Teilnehmer, sich zu Fuß zu einer kanadischen Handelsniederlassung durchzuschlagen.

Abschiedsbrief von John Franklin, dessen Expedition scheiterte.

Doch ohne Schlitten und Jagdwaffen haben sie keine Chance. Einer nach dem anderen kommt ums Leben. Erst Jahre später werden ihre Spuren und einige Leichen gefunden.

Roald Amundsen bricht 1903 mit sechs Kameraden auf, um zu schaffen, was Franklin nicht erreicht hat. Zweimal müssen die Seefahrer auf einer arktischen Insel im Norden Kanadas überwintern. Amundsen nutzt diese Zeit und lässt sich von **Inuit** den Umgang mit einem Hundeschlitten und andere Überlebenstechniken im ewigen Eis zeigen. Insgesamt brauchen sie drei Jahre, um die Nordwestpassage vom Atlantik zum Pazifik zu durchfahren. Diese seemännische Meisterleistung macht Amundsen mit einem Schlag weltberühmt, auch wenn nun endgültig klar ist, dass die Nordwestpassage für den Schiffsverkehr ungeeignet ist.

**Wissen spezial**

**Inuit – Überlebenskünstler der Arktis**

Die Inuit sind die Ureinwohner der Arktisregion, die früher auch Eskimos genannt wurden. Sie leben hauptsächlich vom Fischfang und haben sich perfekt an das Leben in den kalten Gebieten angepasst. Ihre Vorfahren sind vor rund 5000 Jahren aus Asien eingewandert.

Den Umgang mit Schlitten lernte Amundsen von den Inuit.

## Als Erster am Pol sein

Nach diesem Erfolg will Amundsen einen weiteren bedeutsamen Ort in der Arktis erreichen, den **geografischen Nordpol**. Dabei geht es ihm nicht nur um die Erforschung des nördlichsten Punktes der Erde, sondern auch darum, in die

Peary behauptete, als Erster am Nordpol gewesen zu sein.

Geschichte einzugehen. Er hofft sogar, noch unbekanntes Land zu entdecken, das dann seinen Namen tragen soll. Doch mitten in den Vorbereitungen geht die Nachricht um die Welt, dass der amerikanische Forscher Robert Edwin Peary (1856–1920) am 6. April 1909 den Nordpol zu Fuß erreicht haben soll. Kurz entschlossen ändert Amundsen seine Pläne und wendet sich dem Südpol zu. Schnell und unter größter Geheimhaltung stellt er ein Expeditionsteam zusammen. Erst an Bord seines Schiffes weiht er die Teilnehmer in seinen Plan ein. Diesmal will er der Erste sein, was ihm auch gelingt. Am 14. Dezember erreicht er den Südpol, 55 Tage nachdem er von seinem Basislager in der Antarktis aufgebrochen war.

Dennoch: Der Gedanke an den Nordpol und noch unentdecktes Land, das dort zu erforschen wäre, lässt ihn nicht los. Nun aber setzt der Abenteurer auf das Flugzeug, denn eine Erkundung mit dem Hundeschlitten dauert ihm zu lange. 1925 versucht Amundsen, zusammen mit dem amerikanischen Millionär Lincoln Ellsworth (1880–1951), den Pol

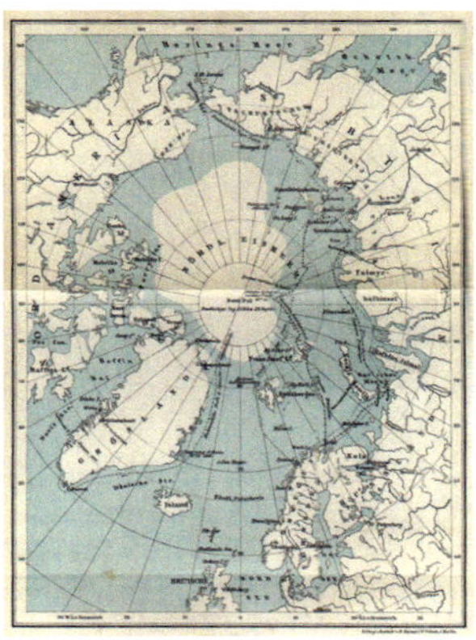

**Wissen spezial**

**Wo liegt der geografische Nordpol?**
Der geografische Nordpol ist der nördlichste Punkt der Erde. Durch ihn verläuft die Erdachse. Der magnetische Nordpol wird vom Magnetfeld der Erde gebildet, er fällt nicht mit dem geografischen Nordpol zusammen. Die Kompassnadel wird vom magnetischen Pol ausgerichtet.

Amundsen unterwegs auf Skiern im ewigen Eis

mit zwei **Flugbooten** zu erreichen. Nach einer Bruchlandung auf dem Eis muss Amundsen das Unternehmen allerdings abbrechen. Kurz entschlossen überredet er den italienischen Luftschiffkapitän Umberto Nobile (1885–1978) sein Luftschiff N1 zur Verfügung zu stellen. Nobile willigt ein, denn auch er erhofft sich Ruhm und Schlagzeilen. Am 11. Mai 1926 startet die Expedition von Spitzbergen aus. Schon einen Tag später kommen die Forscher am Nordpol an. Amundsen hat sein Ziel erreicht, doch die Suche nach dem **Land hoch oben im Norden**, das seinen Namen tragen sollte, bleibt erfolglos: Am geografischen Nordpol gibt es gar kein Festland, nur eine riesige Eisdecke, unter der sich der Arktische Ozean befindet. Zu allem Überfluss lässt sich Nobile nach ihrer Rückkehr wie ein Held feiern und möchte den ganzen Erfolg für

**Thema** **Ein Land hoch oben im Norden: Thule**

*Wie sieht die Welt ganz oben im Norden aus? Diese Frage haben sich bereits die Griechen in der Antike gestellt. Der Händler Pytheas von Massalia (um 380–320 v. Chr.) wollte es genau wissen und unternahm eine Erkundungsreise. Nach langer Fahrt erreichte er ein Land im Norden, das er Thule nannte. Die Nacht dort dauerte nur wenige Stunden, und das Meer war von Eis bedeckt. Wahrscheinlich war Pytheas an der Küste Norwegens. Nach seiner Rückkehr wurde Thule zu einer Bezeichnung für das nördliche Ende der Welt.*

Amundsen und Nobile erreichten den Nordpol mit einem Luftschiff.

sich verbuchen. Als Nobile zwei Jahre später mit einem Luftschiff in der Arktis abstürzt, beteiligt sich Amundsen dennoch an der Rettungsaktion. Am 28. Juni 1928 startet sein Flugzeug. Es ist seitdem verschollen. So konnte Amundsen die Meinung vieler Experten nicht mehr erfahren, die bezweifeln, dass Peary oder andere Forscher den Nordpol tatsächlich vor ihm erreicht haben. Mit großer Wahrscheinlichkeit war Roald Amundsen nicht nur am Südpol der Erste.

Wissen *spezial*

**Was sind Flugboote?**

Flugboote oder Flugschiffe sind Flugzeuge, deren Rumpf wie der eines Schiffes auf dem Wasser schwimmt. Diese fliegenden Schiffe waren in den 1920er-Jahren bei Forschern sehr beliebt, da man mit ihnen auf jedem größeren See starten und landen konnte.

# Der rettende **Leuchtturm**

*Flugpioniere hoch über dem Atlantik*

*1928 vor der Küste Kanadas*

„Noch immer nichts in Sicht. Nicht mal eine Möwe!“

„Der Tank ist fast leer, und der Motor verliert Öl. Wenn wir nicht bald die amerikanische Küste erreichen, erreichen wir nur noch den Meeresgrund.“

„Ein Boot! Ein Boot!“

„Na endlich. Aber, das ist ja gar kein Boot, das ist ein Leuchtturm!“

„Tatsächlich, ein Leuchtturm. Er gehört zu einer Insel.“

„Da ist auch ein Eisfeld, auf dem wir landen können. Nichts wie runter, egal wo wir sind.“

„Ich werde eine Rauchpatrone abschießen, um die Windrichtung festzustellen. Der bläst ganz ordentlich. Ich muss gegen den Wind zur Landung ansetzen. Achtung!“

„Unglaublich, wir haben es geschafft und leben noch!“

*Pilot Hermann Köhl und Ehrenfried Günther Freiherr von Hünefeld über dem Atlantik*

Ehrenfried Günther Freiherr von Hünefeld (1892–1929) ist ein schwer kranker Mann. Im Ersten Weltkrieg wird er verletzt und leidet seitdem unter einer Gehbehinderung. Außerdem ist er auf einem Auge blind. Nach einer Magenoperation erklären ihm die Ärzte 1926, dass er nur noch wenige Jahre zu leben hat. Dabei hatte er immer gehofft, ein erfolgreicher Pilot zu werden. Als 1909 der erste Flugplatz Deutschlands in Johannisthal bei Berlin eröffnet wurde, war von Hünefeld angereist, um den Piloten zuzusehen. Seitdem wollte er fliegen, nichts anderes. Doch nun scheint dieser Traum für immer ausgeträumt.

Flugschauen begeistern seit den 1910er-Jahren viele Menschen.

## Es muss doch einen Weg geben!

Andere Flugbegeisterte haben mehr Glück. Am 21. Mai 1927 schafft der Amerikaner Charles Lindbergh (1902–1974) den ersten Alleinflug über den Atlantik von New York nach Paris. Lindbergh wird als Held gefeiert, obwohl vor ihm bereits 66 Menschen den Atlantik überflogen hatten, wenn auch nicht allein. Die beiden Ersten waren die Briten John Alcock (1892–1919) und Arthur Brown (1886–1948). Sie flogen 1919 mit einer Vickers „Vimy" von Neufundland nach Irland. Bislang haben sämtliche Piloten die **West-Ost-Richtung** für ihre Atlantiküberquerung gewählt. Doch das soll sich bald ändern!

Günther von Hünefeld liest jeden Zeitungsartikel, der über Atlantikflüge erscheint, und sieht schließlich doch noch eine Chance, seinen Lebenstraum zu erfüllen. Er kann zwar nicht selbst ein Flugzeug fliegen, aber er kann Flugzeuge kaufen, da seine Familie sehr wohlhabend ist. Also bestellt er 1927 bei der

**Wissen spezial**

**Rückenwind in West-Ost-Richtung**

Über dem Nordatlantik weht der Wind meistens von West nach Ost. Bei Gegenwind benötigt ein Flugzeug sehr viel mehr Treibstoff und Zeit. Ein Atlantikflug von Europa nach Amerika wurde daher von den meisten Experten für unmöglich gehalten.

Firma Junkers zwei moderne **Ganzmetallflugzeuge** vom Typ W 33 und lässt sich von der Luft Hansa zwei Piloten zur Verfügung stellen. In die Maschinen baut er größere Tanks ein und tauft sie „Bremen“ und „Europa“. Bei ersten Probeflügen erweisen sich die umgebauten Flugzeuge als so zuverlässig, dass die Piloten gleich einen Dauerflug-Weltrekord von 52 Stunden aufstellen. Nach diesem ersten Erfolg zögert von Hünefeld nicht lange und wagt am 14. August 1927 den ersten Versuch, den Atlantik zu überqueren. Doch das Wetter verschlechtert sich von einem Moment auf den anderen, sodass beide Maschinen umkehren müssen. Die „Europa“ geht bei der Landung sogar zu Bruch.

Die Stabilität der Tragfläche eines Ganzmetallflugzeugs wird getestet.

## Gegen den Wind über den Atlantik

Wie viel Glück von Hünefeld gehabt hat, wird erst klar, als kurze Zeit später ein amerikanisches und zwei französische Teams ebenfalls scheitern und insgesamt sechs Piloten ihr

Die ersten Atlantiküberquerungen wurden mit Doppeldeckern geflogen.

Günther von Hünefeld überquerte den Atlantik von Ost nach West.

Leben verlieren. Die Luft Hansa beordert daraufhin ihre Piloten zurück und wendet sich strikt gegen jeden weiteren Versuch. Günther von Hünefeld gibt dennoch nicht auf und findet in dem Piloten Hermann Köhl (1888–1938) einen wagemutigen Verbündeten. Heimlich setzen die beiden ihr Vorhaben fort. Da sie nach den zahlreichen tödlichen Unfällen mit einem Startverbot der deutschen Behörden rechnen, wollen sie von Irland aus starten. Dort schließt sich ihnen der Major James C. Fitzmaurice (1898–1965) an, der selbst schon versucht hatte, den Atlantik zu überqueren.

Erwartungsvoll blickt von Hünefeld zum Himmel: „Jetzt müssen wir nur noch auf gutes Wetter warten, dann können wir es endlich wagen!“ Am 12. April 1928 ist es soweit. Nachdem Köhl fast in eine Herde Schafe gerast wäre, die das Rollfeld überquert, erfüllt sich von Hünefelds Traum doch noch. Trotz des Gegenwindes gelingt es den drei Abenteurern, quer über den Atlantik zu fliegen und sicher die Küste Kanadas zu erreichen. Mit

**Wissen spezial**

**Ganzmetallflugzeuge**

Ein Ganzmetallflugzeug besteht komplett aus Metall. Die Flügel sind nicht mit Stoff bespannt, wie noch im Ersten Weltkrieg üblich. Das erste Flugzeug dieser Art war die Junkers J 1. Die Junkers W 33 ist ein Nachfolgemodell mit einem 228 kW (310 PS) starken Motor.

diesem ersten Flug von Europa nach Amerika kann von Hünefeld beweisen, dass Flugzeuge den starken Winden über dem offenen Ozean trotzen können und regelmäßige Flüge von Post- und Passagiermaschinen in beide Richtungen möglich sind. Von Hünefeld, Köhl und Fitzmaurice werden in New York mit einer **Konfettiparade** jubelnd in Empfang genommen, bevor sie in ihre Heimatländer zurückkehren.

Die restaurierte Junkers W-33 „Bremen" auf dem Bremer Marktplatz

## Der Magellan der Lüfte

Für Langstreckenflüge eignen sich nicht nur Flugzeuge. Auch die in Friedrichshafen am Bodensee gebauten **Zeppeline** sind inzwischen so ausgereift, dass man mit ihnen den Atlantik überqueren kann. Der Luftschiffunternehmer Hugo Eckener (1868–1954) hat ein großes Ziel vor Augen: Er will mit dem neuen Zeppelin LZ 127 „Graf Zeppelin" einmal die Erde umrunden. Finanziell unterstützt wird er von dem amerikanischen Zeitungsverleger William Randolph Hearst. Am 1. August 1929 steigt der Zeppelin in Friedrichshafen auf. Da Hearst verlangt, dass die Reise in New York beginnt, muss gleich zu Beginn der Atlantik überquert werden. Glücklich angekommen, fällt dort der Startschuss

**Wissen spezial**

**Ein Zeppelin voller Gas**

Der Zeppelin ist ein von Ferdinand Graf von Zeppelin (1838–1917) entwickeltes Luftschiff. Es besaß ein starres, mit einer Außenhaut bespanntes Gerüst, in dem mit Wasserstoff gefüllte Gaszellen für Auftrieb sorgten. Angetrieben wurde das Luftschiff von Dieselmotoren.

für die Weltumrundung: An Bord befinden sich neben Eckener und der Mannschaft ein amerikanischer Luftschiffoffizier, ein deutscher Journalist und eine amerikanische Reporterin. Mit dieser Besatzung geht es wieder zurück über den Atlantik und nach einem Zwischenstopp in Friedrichshafen Richtung Osten über die Sowjetunion. Da man in einem Zeppelin langsamer reist als in einem Flugzeug, lassen sich während der Fahrt viele Beobachtungen über unbekann-

Köhl, Fitzmaurice und Hünefeld werden nach ihrem Flug in Bremerhaven empfangen.

**Thema** **Konfettiparade – eine besondere Ehre**

*Seit der Einweihung der Freiheitsstatue 1886 ist es in New York üblich, besonders erfolgreiche Menschen für ihre Leistung mit einer Konfettiparade zu empfangen. Die Ehrengäste werden langsam in einem offenen Wagen über den Broadway gefahren und von den Häusern aus mit Luftschlangen und Konfetti beworfen. Dabei jubeln Tausende von Zuschauern dem Wagen zu. Viele Piloten wurden so geehrt, auch Charles Lindbergh oder die Apollo-11-Astronauten Neil Armstrong, Edwin Aldrin und Michael Collins.*

tem Gebiet machen. Der Journalist hält in seinem Bericht jede Entdeckung fest. Als sich das Luftschiff dem Sichote-Alin-Gebirge im Osten Russlands nähert, schreibt er: „Auf unseren Karten sind die Gipfel mit 1200 Meter eingezeichnet, in Wirklichkeit erreichen sie stellenweise über 2000 Meter. Wir müssen sehr hoch steigen, um durchzukommen. Eine grandiose Sicht tut sich auf. Wir sehen auf riesige Kratergebilde, auf eine sonnenbeschienene gewaltige Kette zerrissener, nackter, grauer Felsen, die jäh abfallen."

Bei einer Zwischenlandung in Tokio werden die Weltreisenden zu einem feierlichen Empfang ins Kaiserliche Sommerschloss eingeladen. Nach ein paar Tagen steigt der Zeppelin erneut in die Luft, um den Pazifik zu überqueren. Geisenheyer blickt auf den bis zum Horizont reichenden Ozean unter ihm und schildert beeindruckt: „Stets schwammen in langen Strähnen dunkelgelbe Algen im Wasser, zu Klumpen geballt oder hundertädrig auseinandergezogen. In der unendlichen Einsamkeit des Meeres ein grandioses Schauspiel."

**Wissen spezial**

**Weltumrundung im Luftschiff**

Die Fahrt der „Graf Zeppelin" ist bis heute die einzige Weltumrundung eines Luftschiffs geblieben. Denn obwohl Hugo Eckener und andere Fachleute von einem weltumspannenden Luftschiffverkehr träumten, setzte sich das schnellere Flugzeug durch.

Während der Weltumrundung konnten die Flugpassagiere Delfine beobachten.

Die „Graf Zeppelin" wird von der Bodenmannschaft für den Start vorbereitet.

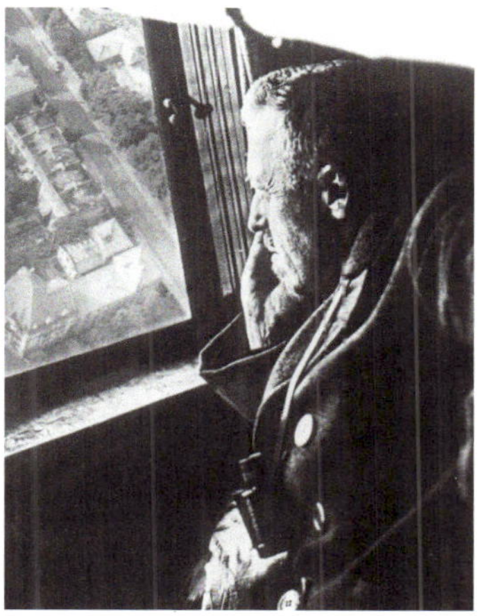

Hugo Eckener am Fenster seines Zeppelins

Am 29. August trifft das Luftschiff „Graf Zeppelin“ wieder unbeschadet in New York ein. Die **Weltumrundung** ist in genau 21 Tagen erfolgreich geglückt! Es ist die bis dahin schnellste Weltumrundung aller Zeiten. Die Begeisterung der Menschen in New York kennt keine Grenzen. Die Mannschaft wird mit einer der größten Konfettiparaden der Geschichte empfangen. Die Zeitungen würdigen in ausführlichen Berichten Kapitän Hugo Eckener als den „Magellan der Lüfte“. Denn wie einst Ferdinand Magellan ist Eckener einmal um die Welt gefahren. Allerdings nicht im Segelschiff, sondern in einem Luftschiff.

# Noch nie war ein Mensch **hier oben!**

*Die waghalsigen Expeditionen der Gipfelstürmer*

*1953 auf dem Mount Everest*

„Wir haben es fast geschafft. Sind wir die Ersten?"

„Keine Fahne, keine anderen Spuren. Dann müssen wir die Ersten sein."

„Sieht so aus. Aber das ist jetzt nicht wichtig."

„Wir sind oben."

„Ja, noch nie hat ein Mensch hier gestanden. Stell dir das einmal vor. Seit dieser Berg existiert. Seit Millionen von Jahren."

„Der ganze Himalaja liegt uns zu Füßen. Selbst wenn wir nicht zurückkommen, hat es sich gelohnt."

„Wir kommen zurück. Aber zuerst machen wir ein paar Fotos. Es soll ja kein Geheimnis bleiben, dass wir oben gewesen sind."

„Ich hole sofort den Fotoapparat aus dem Rucksack."

„Das wird ein Bild!"

*Sir Edmund Hillary und Tensing Norgay erreichen den Gipfel.*

Vor fast 90 Jahren wird in Auckland auf Neuseeland Edmund Hillary (1919–2008) geboren. Er ist ein schüchterner Junge, der leidenschaftlich gerne liest. Edmund lebt in seiner eigenen Fantasiewelt und trifft sich kaum mit Freunden. Als er 16 Jahre alt ist, nimmt er an einer Klassenfahrt zum Mount Ruapehu teil, einem neuseeländischen Vulkan. Bei einer Übung im Gebirge stellt er überraschenderweise fest, dass er besser klettern kann als seine Klassenkameraden. Bergsteigen wird von einem Tag zum anderen seine große Leidenschaft. Mit 20 erklimmt er den Mount Oliver in den Neuseeländischen Alpen. Um sich sein Hobby finanzieren zu können, arbeitet er den Sommer über als Imker. Bald ist er einer der besten Bergsteiger Neuseelands. Nach dem Ende des Zweiten Weltkriegs reist Hillary nach Europa, um verschiedene Berge in den Alpen zu besteigen. Zur selben Zeit, nämlich 1952, ist eine Schweizer Expedition unterwegs in

Bei Hillarys Hochzeit bildeten Bergsteiger eine Eispickelparade.

Der Mount Everest ist der höchste Berg der Welt.

Asien, mit dem Ziel, den **Mount Everest** zu bezwingen. Noch ahnt Hillary nicht, dass dieser Berg auch für ihn bald sehr bedeutend werden wird.

## Die Berge rufen!

Schon in früheren Zeiten versuchen Menschen, große Höhen zu überwinden, um Wege durchs Gebirge zu finden. Bereits in der Steinzeit durchqueren sie die Alpen. Einer von ihnen ist Ötzi, ein 45-jähriger Mann, der um das Jahr 3340 v. Chr. nach einem Kampf immer höher in die Ötztaler Alpen flüchtet. Doch in mehr als 3210 Meter Höhe holen ihn seine Verfolger ein und schießen einen tödlichen Pfeil auf ihn ab. Rund 5300 Jahre später wird seine von einem Gletscher konservierte Leiche gefunden. Daher weiß man, dass der Mann aus der Steinzeit warme Kleidung trug und festes Schuhwerk mit Sohlen aus Bärenleder. Auch wenn diese Ausrüstung nicht gerade ideal ist, um hohe Berge zu besteigen, so ist es umso erstaunlicher, dass sich Menschen in der Steinzeit überhaupt in solchen Höhen aufgehalten haben.

**Wissen spezial**

**Der Mount Everest**
Der Mount Everest ist mit rund 8850 Metern der höchste Berg der Welt. Er liegt zwischen China und Nepal und heißt auf Nepalesisch Sagarmatha (Himmelsgöttin). Vom Mittelpunkt der Erde aus gemessen ist jedoch der Chimborazo etwa 2000 Meter höher als der Everest.

Ötzi wurde gefunden, weil die Gletscher der Alpen mit der Zeit abschmelzen.

Wenn es die Möglichkeiten zulassen, ist es oft auch einfach die Neugierde, die den Menschen auf die höchsten Gipfel treibt. Diesen Grund nennt auch der italienische Dichter Francesco Petrarca (1304–1374), der 1336 den 1912 Meter hohen Mont Ventoux im Süden Frankreichs besteigt: „Den höchsten Berg dieser Gegend, den man nicht unverdient Ventosus, den Windumbrausten, nennt, habe ich am heutigen Tage bestiegen, einzig von der Begierde getrieben, diese ungewöhnliche

Francesco Petrarca war ein bekannter Schriftsteller und leidenschaftlicher Bergsteiger.

Höhenregion mit eigenen Augen zu sehen." Petrarca gilt daher als erster **Alpinist**. Erst im 18. Jahrhundert beginnen Abenteurer, die Berge in den Alpen systematisch zu erforschen und zu besteigen. Zunächst erklimmen sie vor allem kleinere Berge. Oft stellt sich ihnen dabei die Bevölkerung in den Weg, die in einigen Bergregionen sehr abergläubisch ist. Viele Berge gelten sogar als heilig, wie der **Olymp** in Griechenland. Wer sich einem heiligen Berg nähert, begeht in den Augen vieler Menschen Gotteslästerung. Dennoch siegt die Neugierde, und ein Gipfel nach dem anderen wird erobert.

**Wissen spezial**

**Was ist ein Alpinist?**
Ein Alpinist ist ein Bergsteiger, der sich auch um die Erforschung von Gebirgen bemüht. Er bewundert die Schönheit der Berge und setzt sich für den Naturschutz ein. Alpinisten entwickeln neue Ausrüstungen oder bieten geführte Bergtouren für Touristen an.

**Thema** | **Heiliger Berg – der Olymp**

*Vor mehr als 2300 Jahren glaubten die Menschen in Griechenland, der Berg Olymp sei der Wohnsitz ihrer Götter. In knapp 3000 Metern Höhe, so dachten sie, würde der Göttervater Zeus residieren, daneben Aphrodite, Apollon, Artemis, Ares, Athene, Demeter, Hephaistos, Hera, Hermes, Hestia und Poseidon. Ein Grund, den Wohnsitz der Götter auf dem höchsten Berg Griechenlands zu vermuten, war die Unerreichbarkeit des Gipfels. Denn in diese Höhen konnten Menschen damals nur mit großen Mühen oder gar nicht vordringen.*

Edward Whymper gelang die Erstbesteigung des Matterhorns.

## Wettlauf aufs Matterhorn

Manchmal kommt es dabei zu richtigen Wettrennen zwischen zwei oder mehreren Gruppen, wie im Fall des Matterhorns. Der berühmteste Berg der Schweiz ist 1865 einer der letzten Viertausender in den Alpen, die noch nicht bestiegen wurden. Das will Edward Whymper (1840–1911) ändern, ein englischer Zeichner, der von seinem Verleger in die Alpen geschickt worden war. Eigentlich soll Whymper nur einige Berge und Täler zu Papier bringen und dann nach London zurückkehren. Doch unterwegs in der Bergwelt entdeckt er seine Leidenschaft und sein Talent fürs Bergsteigen. Ohne weitere Erfahrung gelingt ihm die Erstbesteigung mehrerer Alpengipfel.

Das Matterhorn ist heute noch ein beliebtes Ziel für Bergsteiger.

Von diesen Erfolgen ermutigt, plant er im Juli 1865 die Erstbesteigung des Matterhorns von der Schweiz aus. Kaum jemand hält dieses riskante Unternehmen für möglich. Whymper bittet seinen italienischen Freund Jean-Antoine Carrel (1829–1890), ihn zu begleiten. Der aber lehnt ab, weil er nur bereit ist, den Berg von Italien aus zu besteigen. So wagen am 14. Juli gleich zwei Seilschaften den Aufstieg.

Der Abstieg wurde für Whympers Team zur Katastrophe.

Whymper wählt mit vier englischen Gefährten und zwei Schweizer Bergführern den Nordostgrad. Sie kommen sehr gut voran, während Carrels Team am Südwestgrat mit Schwierigkeiten zu kämpfen hat. Keine Seilschaft weiß, wer vorne liegt. Dann erreicht Whymper den Gipfel. Jetzt weiß er, dass er das Rennen gewonnen hat. Die sieben Bergsteiger jubeln. Doch beim Abstieg werden aus den Siegern Verlierer, denn die vier Engländer stürzen ab. Whymper versucht noch, sie zu halten, doch das Hanfseil reißt. Nur ihm selbst und den beiden Schweizern gelingt mit viel Glück der Abstieg.

Nach diesem schrecklichen Erlebnis beschließen Whymper und Carrel, nun wieder gemeinsam Berge zu besteigen. Am 4. Januar 1880 erreichen sie als Erste den 6267 Meter hohen Gipfel des Chimborazo, des höchsten Bergs Ecuadors. In dieser bislang noch nicht erreichten Höhe lernen sie ein neues Problem kennen: Wegen der dünnen Luft leiden sie an der **Höhenkrankheit**. Dennoch überstehen sie die Expedition erfolgreich.

**Wissen *spezial***

**Höhenkrankheit**

In großen Höhen wird die Luft spürbar dünner und kann dem Körper nicht mehr genügend Sauerstoff zur Verfügung stellen. Kopfschmerzen, Übelkeit und Schwindel stellen sich ein. Bergsteiger müssen sich langsam an die Höhe gewöhnen oder Sauerstoffmasken tragen.

Höhenkranke Bergsteiger müssen mit Sauerstoff versorgt werden.

Der beschwerliche Aufstieg am Mount Everest

## Auf dem Gipfel der Welt

Nach und nach werden so die meisten Gipfel erklommen. Doch auf den höchsten und mächtigsten Berg, den Mount Everest, hat es bislang noch kein Bergsteiger geschafft. Auch die Schweizer Expedition von 1952 scheitert an dieser Herausforderung. Sie sind nicht die ersten, die aufgeben müssen. Schon 1922 unternimmt der Engländer George Mallory (1886–1924) einen Versuch, der abgebrochen werden muss, nachdem sieben Träger abstürzen. Zwei Jahre später wagt Mallory einen weiteren Versuch, von dem er jedoch nie zurückkehrt. Erst 1999 wird seine Leiche in mehr als 8200 Meter Höhe gefunden. Ob er den Gipfel erreicht hat und als erster Mensch auf dem höchsten Berg der Welt stand, konnte bis heute nicht geklärt werden.

**Wissen spezial**

**Sherpa – ein Leben in großer Höhe**

Die Sherpa sind ein asiatisches Volk, das seit vielen Hundert Jahren im Himalaja lebt. Sie sind sehr gut an das Leben in großer Höhe angepasst und werden oft als Bergführer für Expeditionen angeworben.

Immer wieder wird die Erstbesteigung des Mount Everest in Nepal gefeiert.

Nach den Schweizern startet 1953 eine englische Expedition den nächsten Anlauf. Mit dabei ist der Neuseeländer Edward Hillary, der zusammen mit dem **Sherpa** Tensing Norgay (1914–1986) ein Zweierteam bildet. Norgay war auch Teilnehmer der Schweizer Expedition und kennt den Berg sehr gut. Die Expeditionsteilnehmer errichten mehrere Lager in verschiedener Höhe, das letzte auf ungefähr 8500 Meter. Von diesem Lager aus brechen Hillary und Norgay am 29. Mai früh morgens auf. Wegen der großen Höhe tragen sie Sauerstoffmasken. Das Wetter ist günstig, und selbst eine steile Felswand unterhalb des Gipfels kann sie nicht aufhalten. Um 11.30 Uhr stehen sie auf dem Gipfel der Welt und blicken gebannt auf eine faszinierende Bergwelt unter sich. Das gemeinsame Erlebnis ist so beeindruckend und prägend, dass sie ihr Leben lang Freunde bleiben.

Sir Edmund Hillary und Tensing Norgay schafften gemeinsam die Erstbesteigung des höchsten Berges der Welt.

# **Willkommen** auf dem Grund des Ozeans!

*Piccard erkundet die Tiefsee*

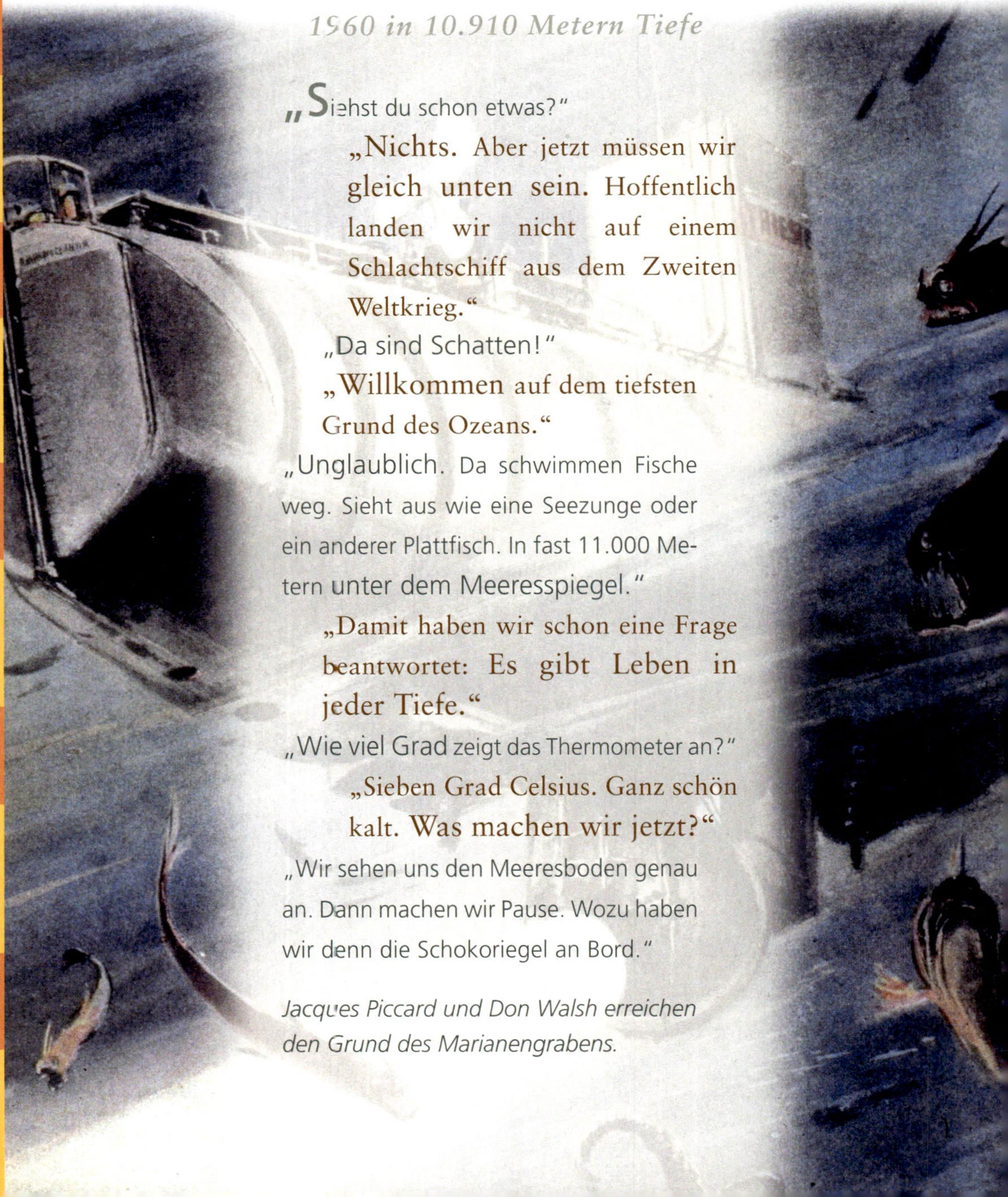

*1960 in 10.910 Metern Tiefe*

„Siehst du schon etwas?"

„Nichts. Aber jetzt müssen wir gleich unten sein. Hoffentlich landen wir nicht auf einem Schlachtschiff aus dem Zweiten Weltkrieg."

„Da sind Schatten!"

„Willkommen auf dem tiefsten Grund des Ozeans."

„Unglaublich. Da schwimmen Fische weg. Sieht aus wie eine Seezunge oder ein anderer Plattfisch. In fast 11.000 Metern unter dem Meeresspiegel."

„Damit haben wir schon eine Frage beantwortet: Es gibt Leben in jeder Tiefe."

„Wie viel Grad zeigt das Thermometer an?"

„Sieben Grad Celsius. Ganz schön kalt. Was machen wir jetzt?"

„Wir sehen uns den Meeresboden genau an. Dann machen wir Pause. Wozu haben wir denn die Schokoriegel an Bord."

*Jacques Piccard und Don Walsh erreichen den Grund des Marianengrabens.*

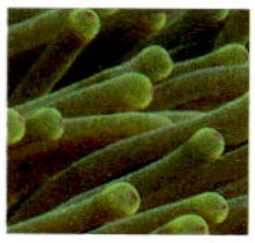

Fast jedes Kind lernt Wasserstoffballons und Unterseeboote nur in Büchern kennen. Nicht der Schweizer Jacques Piccard (*1922). Sein Vater ist der berühmte Physiker Auguste Piccard (1884–1962), dessen Experimente er von Kindesbeinen an hautnah miterlebt. Im Mai 1931, als Jacques neun Jahre alt ist, steigt sein Vater in einem neuartigen Ballon auf. Statt des üblichen Korbes befördert er eine Druckkabine aus Aluminium. Daher müssen Piccard und sein Begleiter keine Druckanzüge tragen. Da die Druckkabine auch in großer Höhe sehr gut funktioniert, kommt der Forscher auf eine geniale Idee: „Nach dem gleichen Prinzip müsste man auch sehr tief tauchen können. Und ich könnte endlich damit beginnen, die Tiefsee zu erforschen."

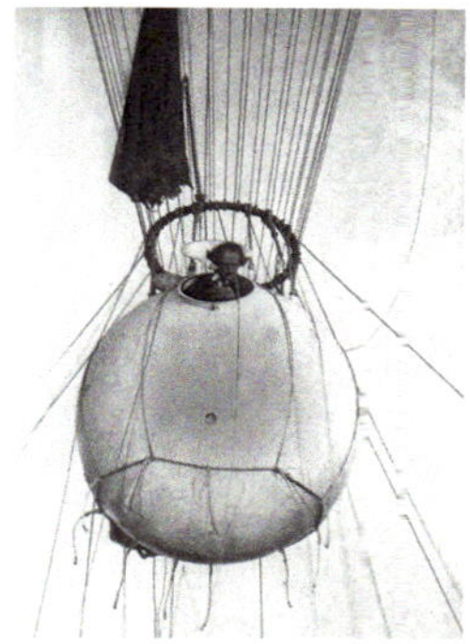

Auguste Piccard in der von ihm entwickelten Druckkabine

## Der Traum vom Tauchen

Auguste Piccard ist nicht der erste Mensch, der wissen will, welche Geheimnisse das Meer birgt. Schon in der Antike tauchen Menschen nach der Ladung gesunkener Schiffe, nach Muscheln und Korallen. Der griechische Philosoph Aristoteles (384–322 v. Chr.) berichtet vom Einsatz einer **Taucherglocke**, die sogar Alexander der Große im Mittelmeer ausprobiert haben soll. Im 15. Jahrhundert entwirft der berühmte italienische Maler und Wissenschaftler Leonardo da Vinci ein kleines Unterseeboot, das jedoch nie gebaut wird. Erst zwei Jahrhunderte später wagen sich Schiffsbauer und Erfinder an den Bau erster Tauchboote. Mal hat das Boot die Form eines Fisches, mal ist es eigentlich nur ein großes Fass. Angetrieben werden die Fahrzeuge meist durch Segel, die sich über Wasser befinden. Doch fast alle

**Wissen *spezial***

**Was ist eine Taucherglocke?**

Eine Taucherglocke ist ein einfaches Tauchgerät, das tatsächlich einer Glocke ähnelt. Sie wird mit einem oder mehreren Tauchern ins Wasser gelassen. Unter der Glocke kann die Luft nicht entweichen und steht den Tauchern unter Wasser für kurze Zeit zur Verfügung

Alexander der Große soll in einer Taucherglocke den Meeresboden beobachtet haben.

So hat sich Leonardo da Vinci einen Taucheranzug vorgestellt.

Versuche scheitern, denn den Erfindern fehlen Erfahrung und das richtige Baumaterial. Das erste halbwegs funktionierende Tauchboot baut 1776 der Amerikaner David Bushnell (1740–1824) für den amerikanischen Unabhängigkeitskrieg. Sein 2,5 Meter langes und zwei Meter hohes Schiff heißt „Turtle“ und sieht aus wie eine große Holzkugel. Im Boden ist ein Ballastraum, in den Wasser eingelassen wird, wenn das Boot tauchen soll. Angetrieben wird es von zwei handbetriebenen Schrauben. Lange kann man mit diesem Boot jedoch nicht unter Wasser bleiben, denn es hat keine Sauerstoffversorgung.

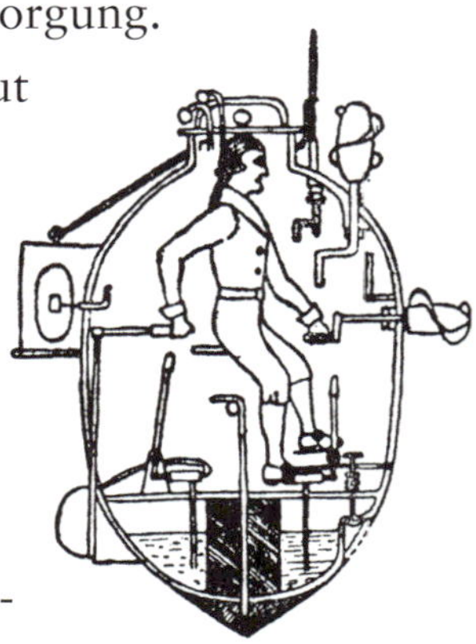

Ein weiteres Modell baut 1865 der deutsche Ingenieur Julius Kröhl (1820–1867) in New York. Sein Boot wird auf den Namen „Sub Marine Explorer“, Unterseeforscher, getauft und soll dazu dienen, Muscheln und andere Dinge vom Meeresboden einzusammeln. Doch wie soll das gehen, ohne dass Wasser in das Boot strömt? Nach einigen erfolgreichen Testläufen kommt es vor der Küste Panamas zum Einsatz. Mit Pressluft wird im Boot ein Druck erzeugt, der dem Druck des Wassers entspricht. Dadurch können die Männer zwei Luken im Boden öffnen und den Meeresboden erforschen. Kröhl ist so fasziniert von der Unterwasserwelt, dass er einen Tauchgang nach dem anderen unternimmt. Bei Kerzenlicht betrachtet er fasziniert Austern und Seesterne, während seine Männer die Pumpen bedienen und die Schraube antreiben. Nach mehreren Einsätzen werden jedoch alle Besatzungsmitglieder krank und sterben qualvoll. Auch Julius Kröhl zählt zu den Opfern der unbekannten Krankheit, die erst später als **Taucherkrankheit** erkannt wird.

Eine Druckkammer hilft gegen die Taucherkrankheit.

**Wissen spezial**

**Taucherkrankheit**

Beim Tauchen in größeren Tiefen lösen sich im Blut unter dem hohen Druck Stickstoff und andere Gase. Taucht man zu schnell auf, bilden sich durch den plötzlichen Druckabfall Gasbläschen, die den Kreislauf unterbrechen und das Gewebe zerstören können.

Tiefseetaucher können vor der Küste Panamas Anemonenfische beobachten.

U-Boote sind im Krieg gefährliche Waffen.

## Mit der Kugel in die Tiefe

In der Folgezeit wird das Unterseeboot weiterentwickelt und schließlich im Ersten und Zweiten Weltkrieg eingesetzt, um feindliche Schiffe zu versenken. An die Erforschung der Meere denkt kaum jemand. Zu den wenigen Ausnahmen gehört der amerikanische Vogelkundler William Beebe (1877–1962), der in Guyana in Südamerika ein Tropenforschungsinstitut leitet. Er ist nicht nur von den Papageien und Kolibris begeistert, sondern auch von den Fischen der Karibik. „Ich müsste sie in ihrem natürlichen Lebensraum beobachten können“, denkt er.

William Beebe im Taucheranzug

Doch wie kann ein Mensch eine längere Zeitspanne in der Tiefe des Meeres überleben? Zunächst lässt sich Beebe einen Taucheranzug mit einem großen Helm anfertigen. Für große Tiefen ist diese Ausrüstung allerdings ungeeignet. Daher entwickelt er zusammen mit dem Ingenieur

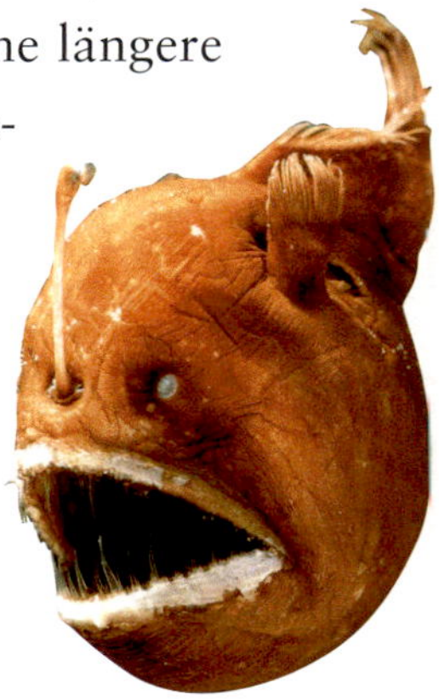

In großer Tiefe lebt der Tiefseeanglerfisch.

Otis Barton (1899–1992) eine Tauchkugel mit einem Durchmesser von 1,4 Meter, die er „Bathysphere“, Tiefenkugel, nennt. 1934 ist es endlich soweit! Barton und Beebe klettern in die Stahlkugel und lassen sich von einem Schiff aus ins Meer abseilen. Erst einmal erreichen sie 400 Meter, dann 923 Meter Tiefe. Während ihres Tauchgangs drehen sie Filme und machen Fotos von unzähligen unbekannten Fischen und Meerestieren. Doch schweben sie dabei die ganze Zeit in Lebensgefahr, denn sollte das Stahlseil reißen, würden sie bis auf den Meeresgrund sinken.

**Wissen spezial**

**1100 Atmosphären**

Beim Tauchen steigt alle zehn Meter der Druck um eine Atmosphäre. Bei 1100 Atmosphären in rund 11.000 Meter Tiefe lasten 1,1 Tonnen Gewicht auf einem Quadratzentimeter der Tauchkugel. Allerdings ist die Druckeinheit inzwischen veraltet, Druck wird heute in Pascal angegeben.

## Bis zur tiefsten Stelle der Ozeane

Auguste Piccard ist von der „Bathysphere“ begeistert, abgesehen von dem Seil, das die Tauchtiefe begrenzt. Er will weitaus tiefer tauchen als Beebe und Barton. Also entwirft er 1937 eine größere und noch festere Stahlkugel. Sie soll dem Druck von mehr als **1100 Atmosphären** standhalten und

Die Nesseltiere der Tiefsee sehen aus wie Lebewesen eines anderen Planeten.

**Wissen spezial**

**Wo ist der Marianengraben?**
Der Marianengraben liegt zwischen Japan und Australien im Pazifik. Er ist mit rund 11.000 Meter Meerestiefe die tiefste bekannte Stelle aller Ozeane. 1951 wurde er von einem englischen Forschungsschiff entdeckt.

nicht an einem Stahlseil hängen, sondern an einem Tauchkörper, der dem Ballon in der Luft entspricht. Für den Auftrieb sorgt Benzin, als Ballast dienen Wasser und Stahlkugeln, die zum Auftauchen abgelassen werden können. Leider kann Piccard sein Tiefenschiff, das er „Bathyscaphe Trieste" nennt, nicht sofort bauen lassen, da der Zweite Weltkrieg ausbricht. Erst 1953 wird sein Tauchschiff fertiggestellt und soll im Mittelmeer getestet werden. Selbst ausprobieren kann Auguste Piccard das Boot nicht mehr, denn er ist inzwischen 69 Jahre alt und überlässt daher das Tauchen seinem Sohn Jacques. Nach mehreren Tauchgängen wählen die Forscher den **Marianengraben** als neues Ziel aus. Am 23. Januar 1960 steigen der amerikanische Offizier Don Walsh (*1931) und Jacques Piccard in die enge Tauchkugel aus 12,7 Zentimeter

**Thema** **Riesentintenfische: nur Seemannsgarn?**

*Lange Zeit galten Riesentintenfische als Seemannsgarn, als übertriebene Anekdoten erfindungsreicher Seemänner. Doch inzwischen weiß man, dass es sie tatsächlich gibt. Einige Tiere wurden an Stränden angeschwemmt oder von Fischern gefangen. Ebenso sind große Narben von Saugnäpfen auf der Haut von Pottwalen bekannt. Der Riesenkalmar ist ein zehnarmiger Tintenfisch, der bis zu 13 Meter lang werden kann und in der Tiefsee lebt. Noch größer als der Riesenkalmar wird der Kolosskalmar, über den jedoch kaum etwas bekannt ist.*

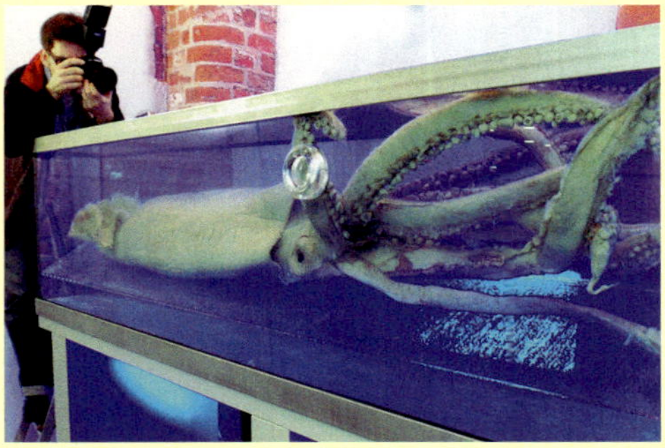

Die „Trieste“ kurz vor dem Erreichen des Meeresbodens

dickem Stahl und fluten die Ballasttanks. Ganze vier Stunden und 58 Minuten benötigt die „Trieste“ für die fast elf Kilometer bis zum Meeresgrund. Angst haben die beiden Forscher nicht, nicht einmal vor **Riesentintenfischen**. „Hier unten ist es schön, friedlich und still, da kommt man nicht auf die Idee, Angst zu haben“, sagt Piccard. Nur kalt ist ihnen, denn die Tauchkugel hat keine Heizung. Am Grund des Ozeans beträgt die Wassertemperatur fast null Grad Celsius. Trotz der Kälte, dem immensen Wasserdruck und der Dunkelheit scheint es auch hier Leben zu geben: Im Scheinwerferlicht der „Trieste“ entdecken die beiden Männer Fische und andere Meeresbewohner. Ihr Aufstieg dauert drei Stunden und 15 Minuten. Oben angekommen werden sie als Helden gefeiert. Noch niemals zuvor war ein Mensch in solch eine Tiefe vorgedrungen!

Ein Globus mit dem Relief der Gebirge, der Meeresböden und Tiefseegräben

# Da, jetzt kommt **der Mond in Sicht!**

*Der Mensch erforscht das Weltall*

### *1961 im Weltraum*

„Die Erde! Sie ist wirklich eine Kugel. Ich kann die Küsten der Kontinente, die Inseln, die großen Flüsse und die Gebirgszüge erkennen. Ein wundervoller Anblick. Voller Schönheit. Besonders der Übergang von der hellen Erdoberfläche zum vollkommen schwarzen Himmel, an dem die Sterne zu sehen sind. Diese Trennungslinie ist sehr dünn, eine Art Film von zartblauer Farbe. Die Sonne ist um ein Vielfaches heller als auf der Erde. Die Sterne sind klar und hell. Und sie funkeln nicht. Da, jetzt kommt der Mond in Sicht. Er wirkt so nah. Ich glaube, es wird nicht mehr lange dauern, bis wir zum Mond fliegen können. Die Schwerelosigkeit ist kein Problem, wie alle gedacht haben, die Arbeit fällt sogar leicht. Ich könnte den Flug noch lange fortsetzen. Schade, dass ich schon bald wieder landen muss."

*Juri Gagarin auf dem ersten Flug ins All*

In dem kleinen russischen Dorf Kluschino wird am 9. März 1934 Juri Gagarin geboren. Als Kind erlebt er den Zweiten Weltkrieg und beobachtet die Jagdflugzeuge am Himmel. Von den Flugkünsten ist er so beeindruckt, dass auch er später Pilot werden will. Nach seinem Schulabschluss macht Gagarin eine Ausbildung als Gießer. Da seine Noten sehr gut sind, kann er anschließend in der russischen Stadt Saratow Gießereitechnik studieren. In der Nähe der Universität liegt am Ufer der Wolga ein Flugplatz. Gagarin meldet sich kurz entschlossen zu einem Fluglehrgang an und macht 1955 seinen Pilotenschein. Doch sein Traum vom Fliegen ist noch lange nicht erfüllt. Er beschließt, Kampfpilot zu werden, und meldet sich freiwillig bei der sowjetischen Luftwaffe.

Juri Gagarin trainiert für seinen Flug.

## Ins All müsste man fliegen können!

Kaum hat Gagarin seine Schulung beendet, sucht die sowjetische Raumfahrtbehörde junge Piloten, um sie zu Kosmonauten auszubilden. Denn unter allergrößter Geheimhaltung hatte der Raketenkonstrukteur Sergei Koroljow (1907–1966) die **Wostok-Rakete** entwickelt, die erstmals einen Menschen ins All schießen soll. „Das ist genau das Richtige", denkt sich der flugbegeisterte Gagarin und bewirbt sich sofort. Allerdings ist er nicht der Einzige, sondern einer von 20 Bewerbern. Ein hartes Training beginnt. Nicht allein die körperliche Fitness zählt, sondern auch starke Nerven. Und die hat Gagarin. Daher wird er ausgewählt und

**Wissen *spezial***

**Die Wostok-Rakete**

Die Wostok-Rakete, mit der Gagarin ins All flog, war 33 Meter hoch und am unteren Ende zehn Meter breit. Sie hatte drei Stufen, die nacheinander gezündet wurden und Sauerstoff und Kerosin als Treibstoff verwendeten. Das russische Wort „Wostok" bedeutet „Osten".

**Wissen spezial**

**Im Orbitalflug um die Erde**
Bei einem Orbitalflug umkreist ein Satellit oder Raumschiff die Erde. Die Umlaufbahn, die fast immer die Form einer Ellipse hat, wird Orbit genannt. Raumschiffe umkreisen die Erde meist in einer Höhe von 400 Kilometern. Auch der Mond befindet sich im Orbit.

steigt am 12. April 1961 in das kleine Raumschiff an der Spitze der Rakete. Natürlich kennt er das Risiko und weiß nicht, ob er den Flug überleben wird. Trotzdem will er unbedingt fliegen: „Es ist mein Wunsch, mein Leben der neuen Wissenschaft zu widmen, die die Eroberung des Weltraums zum Ziel hat." Um 9.05 Uhr hebt die Rakete vom Weltraumbahnhof in Baikonur ab. Der Flug dauert nur 108 Minuten, doch die Zeit reicht aus, um eine Höhe von 327 Kilometern zu erreichen und in einem **Orbitalflug** die Erde einmal zu umkreisen. Gagarin ist der erste Mensch, der die Erde als Planeten im All sieht und die Schwerelosigkeit erlebt. Die Rückkehr zur Erde ist einfach, denn das Wostok-Raumschiff hat kein Fahrgestell oder etwas Ähnliches. Nach dem Wiedereintritt in die Atmosphäre muss Gagarin in 7000 Meter Höhe mit dem Schleudersitz aussteigen und mit einem Fallschirm landen.

## Der Beginn eines neuen Zeitalters

Die Astronauten des Mercury-Progamms stellen sich der Presse vor.

In der ganzen Sowjetunion und den Staaten des Ostblocks wird Gagarin als Held gefeiert. Nun soll ein neues Zeitalter beginnen, das Zeitalter der Raumfahrt. Die Amerikaner sind von Gagarins Flug geschockt! Mit einem derartigen technischen Vorsprung der Russen hatten sie nicht gerechnet. Zwar startet am 5. Mai 1961 auch ein amerikanischer Astronaut mit einem Mercury-Raumschiff ins All, doch die Erde umkreisen kann Alan Shepard (1923–1998) nicht. Sein Flug hat die Form einer Kurve und dauert nur 15 Minuten und 22 Sekunden. Dennoch ist sich der amerikanische Präsident John F. Kennedy

Am 12. April 1961 startete Juri Gagarin mit einer Wostok-Rakete ins All.

**Wissen spezial**

**NASA und ESA**

Die NASA (National Aeronautics and Space Administration) ist die amerikanische Raumfahrtbehörde. Sie wurde 1958 gegründet, um die Raketenentwicklung und Weltraumforschung besser organisieren zu können. Das europäische Gegenstück ist die ESA (European Space Agency).

(1917–1963) sicher, dass man die Russen schon bald überbieten wird. Er fragt Wernher von Braun (1912–1977), den aus Deutschland stammenden, leitenden Mitarbeiter der **NASA**, was in naher Zukunft möglich sei. Am 25. Mai 1961 hält Kennedy vor dem Kongress eine Rede und prophezeit: „Ich glaube, dass dieses Land sich dem Ziel widmen sollte, noch vor Ende dieses Jahrzehnts einen Menschen auf dem Mond landen zu lassen und ihn wieder

Astronauten müssen viele Tests bestehen.

sicher zur Erde zurückzubringen.“ Ob dies wirklich eines Tages möglich sein wird? Der Traum, zum Mond zu fliegen, ist schon sehr alt. Eine 1850 Jahre alte Erzählung von **Lukian von Samosata** beschreibt bereits, wie Menschen auf dem Mond landen und dort auf merkwürdige Mondmenschen treffen.

## Wettlauf zum Mond

Mit Kennedys Rede beginnt der Wettlauf zum Mond, aus dem Traum scheint Wirklichkeit zu werden. Zunächst sind noch die Russen überlegen. Am 18. März 1965 startet das Zwei-Mann-Raumschiff

**Thema** | **Lukian von Samosata: Mondmenschen**

*Besonders einfallsreich hat der Grieche Lukian von Samosata (ca. 120–180) einen Flug zum Mond beschrieben. In seiner Erzählung „Eine wahre Geschichte“ schildert er, wie die Besatzung eines Schiffes von einem Sturm aus dem Wasser gerissen und zum Mond getragen wird. Dort treffen die Seefahrer auf Seleniten, Mondmenschen, die mit den Bewohnern anderer Planeten Krieg führen. Die Menschen erleben verschiedene Abenteuer, nehmen an einer Weltraumschlacht teil und segeln schließlich wieder zur Erde zurück.*

„Woschod 2“ mit Pavel Belajew (1925–1970) und Alexej Leonow (*1934) an Bord. Sie sollen nicht einfach nur die Erde umkreisen, sondern etwas bislang Unvorstellbares wagen: In fast 500 Kilometern Höhe verlässt Leonow das Raumschiff und schwebt im All.

John F. Kennedy verspricht den Flug amerikanischer Astronauten zum Mond.

Als Sicherung dient ihm eine 4,5 Meter lange Leine. „Die grenzenlosen Weiten des Weltraums entfalten sich vor mir mit ihrer unbeschreiblichen Schönheit. Die Empfindungen im Weltraum sind mit nichts zu vergleichen“, schwärmt der Sohn eines Pferdezüchters aus Sibirien. Nach diesem ersten erfolgreichen „Weltraumspaziergang“ wird Leonow als einer der Kosmonauten ausgewählt, die auf dem Mond landen sollen. Doch plötzlich stirbt der Raketenkonstrukteur Sergei Koroljow an einem Herzinfarkt, und die Entwicklung der russischen Mondrakete N1 verzögert sich.

Die amerikanische Mondrakete „Saturn V“ funktioniert dagegen einwandfrei. Mehrfach werden mit ihr Apollo-Raumschiffe in den Orbit und um den Mond geschickt. Dann ist es endlich soweit! Das von John F. Kennedy gemachte Versprechen wird eingelöst. Am 16. Juli 1969 starten Neil Armstrong (*1930), Edwin Aldrin (*1930) und

Neil Armstrong, Michael Collins und Edwin Aldrin vor ihrem Flug

Michael Collins (*1930) mit „Apollo 11" zum Mond. Als erster Mensch, der den Mond betreten soll, wird Armstrong ausgewählt, der wie Gagarin ein begeisterter Pilot ist und schon mit 16 Jahren seinen Flugschein machte. Am 20. Juli 1969 nähern sich Armstrong und Aldrin in der **Landefähre** der Mondoberfläche, während der Astronaut Collins mit der Apollo-Kapsel den Mond umkreist. Das automatische Landemanöver verläuft planmäßig. Doch kurz vor dem Aufsetzen sieht Armstrong, dass der vorgesehene Landeplatz voller großer Steine ist. Er greift zum Steuerknüppel und lenkt die Landefähre in letzter Minuten ein paar Kilometer weiter. Dann landet er im Meer der Stille.

Fußabdruck eines Astronauten auf dem Mond

Gute sechs Stunden später öffnen die beiden Astronauten die Luke. Neil Armstrong steigt die kleine Leiter hinunter. „Es ist viel leichter als beim Training“, stellt er fest. Als erster Mensch betritt er den Mond und spricht den berühmten Satz: „Dies ist ein kleiner Schritt für den Menschen, aber ein riesiger Sprung für die Menschheit.“ Wenig später folgt Aldrin: „Eine wunderbare Aussicht!“ Beide Astronauten sind von der Schönheit des Mondes und dem ungewohnten Anblick des blauen Planeten, der Erde, begeistert. Obwohl die Astronauten viele wissenschaftliche Experimente durchführen müssen, schwärmen sie vor rund 500 Millionen Fernsehzuschauern, die sie gebannt beobachten, immer wieder von den fantastischen Eindrücken. Mondmenschen, wie sie sich Lukian von Samosata vorgestellt hat, treffen sie allerdings nicht. Aber den Menschheitstraum von einer erfolgreichen Reise zum Mond, den erfüllen sie.

**Wissen spezial**

**Was ist eine Landefähre?**
Die Mondlandefähre der NASA bietet zwei Astronauten Platz. Sie hat zwei Stufen. Die Abstiegsstufe bleibt nach der Landung auf dem Mond. Mit der Aufstiegsstufe kehren die Astronauten wieder zum Apollo-Raumschiff zurück, das den Mond umkreist.

Ein amerikanischer Astronaut steigt die Leiter der Landefähre hinab.

# Ausflug **zum Mars**

*Unbemannte Sonden auf Spurensuche im All*

*1976 im NASA-Kontrollzentrum*

„Viking muss gleich aufsetzen. Noch zehn Sekunden."

„Wenn alles gut geht und die Systeme den Aufprall überstehen. Du weißt, es ist das erste Mal."

„Ich weiß, aber du wirst sehen, wir haben Viking bestens getestet. So, jetzt müsste sie gelandet sein. Genau sieben Jahre nach Apollo 11."

„Das ist ja nicht auszuhalten. So viele Jahre Arbeit. Es muss klappen."

„Nur Geduld, die Bilder brauchen ihre Zeit. Vom Mars bis zur Erde ist es ein weiter Weg. Selbst für Radiowellen."

„Da! Das erste Bild baut sich auf dem Monitor auf! Was ist das?"

„Ein Landeteller. Das ist eines der drei Beine von Viking."

„Stimmt. Und sie stehen auf rotem Sand. Wir haben es tatsächlich geschafft! Viking ist auf dem Mars!"

*Carl Sagan und Toby Owen verfolgen die Landung der ersten Sonde auf dem Mars.*

Carl Edward Sagan (1934–1996) stammt aus New York. Sein Vater ist Schneider, seine Mutter Hausfrau. Während sich seine Mitschüler vor allem für die Stars des Baseball interessieren, hat Carl andere Sterne im Sinn. Er ist vom Weltraum fasziniert und beschließt, Astronom zu werden. Um dieses Ziel zu erreichen, studiert er Physik mit dem Schwerpunkt Astrophysik an der Universität von Chicago. Als er 1959 die Möglichkeit erhält, eine Doktorarbeit zu schreiben, ist das Thema schnell gefunden. Schon lange befasst sich Sagan mit einer grundlegenden Frage: Ist Leben auf anderen Planeten möglich? Bislang hat es kein Forscher gewagt, sich mit dieser Frage wissenschaftlich auseinanderzusetzen, da viele Zusammenhänge nur vermutet werden können. Sagan geht das Wagnis ein. Er will die Frage nach außerirdischem Leben nicht allein den Science-Fiction-Autoren überlassen. Die Doktorarbeit wird von der Universität angenommen und ein großer Erfolg, denn sie begründet eine neue Wissenschaft, die **Exobiologie**.

**Wissen spezial**

**Was ist Exobiologie?**
Exobiologen suchen mit Teleskopen, Radioantennen und Raumsonden nach Beweisen für Leben auf anderen Planeten. Dazu benutzen sie das Wissen über das Leben auf der Erde und entwerfen Vorstellungen über andere Lebensformen, die sich von irdischem Leben unterscheiden.

Carl Sagan veröffentlichte viele Bücher über das Universum.

## Gibt es Leben auf dem Mars?

Als Experte auf diesem Gebiet wird er bald zum Professor ernannt und von der NASA, der amerikanischen Weltraumbehörde, als Berater angeworben. Im Laufe der Zeit wird ihm klar, dass seine Frage eigentlich aus zwei Fragen besteht. Nämlich der, ob überhaupt

Ein Marsbewohner in einem Science-Fiction-Film

Leben auf anderen Planeten existiert, und der, ob es sogar intelligentes Leben irgendwo im Universum gibt. Die zweite Frage könnte beantwortet werden, indem man mit großen Antennen nach Radiosignalen aus dem All sucht. Doch wie kann man Antworten auf die erste Frage finden? Auf jeden Fall mit Sonden, die zunächst das Sonnensystem erforschen sollen. Carl Sagan setzt auf die unbemannte Raumfahrt, denn sie kann Flüge ins All durchführen, die für die bemannte Raumfahrt noch lange unmöglich sein werden. Sonden können, ohne Menschen in Gefahr zu bringen, Messungen durchführen und Fotos zur Erde übertragen. Auch die Zeit, die sie benötigen, um einen Planeten zu erreichen, spielt keine große Rolle. Nicht einmal zur Erde zurückkehren müssen sie.

Kleine Roboter senden Bilder der Marsoberfläche zur Erde.

Ganz nach seinen Vorstellungen sind die Sonden „Viking 1“ und „Viking 2“. Gebannt sitzt er am 20. Juli

Große Parabolantennen der Radioteleskope erforschen das Weltall.

Eine Viking-Sonde umkreist den Mars und fotografiert die Oberfläche.

1976 vor dem Monitor und verfolgt, wie „Viking 1" um 12.53 Uhr auf dem Mars landet und die ersten Fotos von der näheren Umgebung zur Erde funkt. Es ist die erste von Menschen gebaute Sonde, die auf dem Marsboden aufsetzt. Ihr folgt im September die Sonde „Viking 2". Beide Sonden führen verschiedene Experimente durch und suchen im Marsboden nach Spuren von Leben. Die Forscher auf der Erde warten gespannt, was „Viking 1 und 2" zutage fördern. Doch Sagan wird enttäuscht: Die Untersuchungen der beiden Sonden liefern weder einen eindeutigen Beweis für noch gegen Leben auf dem Mars. Bis heute ist diese Frage nicht eindeutig geklärt.

**Wissen spezial**

**Wie fliegt eine Rakete?**

Eine Rakete ist ein Fluggerät mit einem Motor, der nach dem Rückstoßprinzip arbeitet. Der Motor verbrennt Treibstoff und erzeugt sehr schnell ausströmendes Gas, von dem sich die Rakete abstößt. Daher kann eine Rakete auch im luftleeren Weltraum fliegen.

## Wettlauf der Großmächte

Schon am Ende des 19. und zu Beginn des 20. Jahrhunderts überlegen die Menschen, mit welchen Mitteln man ins All vorstoßen und die Geheimnisse des Kosmos lüften könnte. Die erste **Rakete**, die das All tatsächlich erreicht,

Wernher von Braun und John F. Kennedy besprechen die nächsten Schritte.

ist die von dem deutschen Ingenieur Wernher von Braun (1912–1977) gebaute A4, eine 14 Meter hohe Rakete, die 1942 erstmals erfolgreich startet. Sie wird jedoch nicht eingesetzt, um das All zu erforschen, sondern um als sogenannte „Vergeltungswaffe 2“ (V2) London und andere Städte zu beschießen.

Nach dem Ende des Zweiten Weltkriegs entwickeln Amerikaner und Russen mithilfe deutscher Ingenieure eigene Raketen. Dabei verfolgen sie gleich mehrere Ziele: Die Raketen sollen als Waffen eingesetzt werden und Atomsprengköpfe in andere Länder tragen können. Dabei müssen sie der jeweils anderen Seite technische Überlegenheit demonstrieren. Da der wissenschaftliche Aspekt nicht fehlen darf, wird zudem gefordert, dass die gebauten Raketen

Start einer Rakete, die einen Kommunikationssatelliten ins Weltall befördert

der Erforschung des Weltraums dienen. Dazu gibt es bereits mehrere Vorschläge. Der englische Schriftsteller **Arthur C. Clarke** empfiehlt zum Beispiel, künstliche Himmelskörper in die Umlaufbahn zu schießen, um den Kosmos zu erkunden.

Bald entspinnt sich ein Wettlauf der Technik zwischen den Großmächten in Ost und West. Wer wird am Ende mit einem geglückten Vorstoß ins All Wissen, Macht und Einfluss davontragen? Am 4. Oktober 1957 überraschen die Russen die Welt mit dem Start des ersten Satelliten, den sie **Sputnik** nennen. Er beweist vor allem eins, nämlich dass es tatsächlich möglich ist, Satelliten in eine Umlaufbahn um die Erde zu schießen. Darüber hinaus hat Sputnik Messinstrumente an Bord, die die Außentemperatur bestimmen und feststellen können, ob der

**Wissen spezial**

**Was bedeutet Sputnik?**

Sputnik heißt auf Deutsch „Weggefährte“. Der Satellit war eine Kugel mit 58 Zentimeter Durchmesser und vier Antennen. Alle 96 Minuten umkreiste er die Erde, maß die Temperatur und funkte 21 Tage lang Signale zur Erde, bevor die Batterien leer waren.

**Thema** **Arthur C. Clarkes Idee**

*Der englische Mathematiker, Physiker und Science-Fiction-Autor Arthur C. Clarke (*1917) arbeitete 1945 in einer der ersten Radaranlagen, die vor deutschen Flugzeugen warnen sollte. Dort kam er auf eine Idee: Künstliche Himmelskörper, also Satelliten, die sich auf einer festen Bahn um die Erde befinden, wären hervorragend geeignet, um Radiosignale für die Telekommunikation zu übertragen. Clarke wurde mit dieser Idee zum Erfinder des Kommunikationssatelliten. Der erste Satellit dieser Art startete 1970.*

Die Voyager-1-Sonde auf dem Weg zum Jupiter

Flugkörper von Meteoriten getroffen wird. Die Amerikaner sind überrascht, denn sie hatten geglaubt, mit der sogenannten Vanguard-Rakete die Ersten zu werden. Nach dem Erfolg von Sputnik soll sie so bald wie möglich starten.

Am 6. Dezember 1957 werden die Triebwerke gezündet. Aber die Rakete schafft nur ein paar Meter, bevor sie in einem riesigen Feuerball explodiert. Umso heller strahlt nun der Triumph der Russen. Wernher von Braun überzeugt den Präsidenten der USA davon, einen eigenen Satelliten zu starten. In größter Eile wird „Explorer 1" vorbereitet und am 1. Februar 1958 erfolgreich in die Umlaufbahn geschossen. Er hat ein Messgerät an Bord, mit dem das Magnetfeld der Erde untersucht wird.

Gebannt warten die Forscher auf die ersten Fotos aus dem All.

## Botschaften aus dem All

Obwohl zur gleichen Zeit ebenso an der bemannten Raumfahrt gearbeitet wird, sind die Experten von den unbemannten Satelliten begeistert. Raumsonden können die Augen und Fühler der Wissenschaftler sein, die sicher in einem Kontrollzentrum auf der Erde die Signale verfolgen und auswerten. Das gilt auch für die Sonde „Voyager 1“, die 1977 gestartet wird und im Januar 1979 den Jupiter erreicht. Dort schießt sie unzählige Aufnahmen, die den Forschern noch nie gesehene Bildmotive und wertvolle Erkenntnisse liefern. Die Sonde übermittelt allerdings nicht nur Fotos. Auf ihrer Fahrt stößt sie auf das Ringsystem des Jupiters und erkundet außerdem seine Monde. Dank dieser und anderer Sonden wissen wir heute, wie die Planeten unseres Sonnensystems aus der Nähe aussehen und aus welchen Stoffen sie bestehen. Nach ihrem Besuch bei Jupiter und Saturn ist „Voyager 1“ schon längst dabei, das Sonnensystem zu verlassen. Sie ist rund 17 Milliarden Kilometer von der Erde entfernt. Irgendwann könnte die Sonde andere Sonnensysteme erreichen. Sollte es dort intelligente Lebewesen geben, hat Voyager für sie eine **Sound of Earth** genannte Botschaft an Bord. Die Idee stammt natürlich von Carl Sagan, der von einer Sache felsenfest überzeugt war: Leben gibt es nicht nur auf der Erde!

**Wissen spezial**

**Sound of Earth**

Sound of Earth (Klang der Erde) ist eine 30 Zentimeter große Scheibe aus Kupfer und Gold, die Informationen über unser Sonnensystem, die Erde und die Menschheit enthält. Auch Stücke von Bach und Mozart sind gespeichert – und Grüße, gesprochen in 55 Sprachen.

Aufnahmen von den Wolken des Jupiters

# **Geheimnis** um die Varusschlacht

*Auf den Spuren der Vergangenheit in Deutschland*

*1988 in der Nähe von Osnabrück*

„Die römischen Münzen im letzten Jahr waren ein guter Fund. Doch er alleine reicht nicht aus, um den Ort der Varusschlacht ausfindig zu machen. Vielleicht stoße ich hier bei Kalkriese auf weitere Spuren. Die Beschreibungen von Tacitus passen ungefähr. Auch Mommsen hat auf diese Gegend getippt. Noch zeigt der Metalldetektor nichts an. Da, jetzt macht der Zeiger doch einen Sprung. Das ist etwas Größeres. Der Boden ist locker, der Spaten geht leicht in die Erde. Kann nicht sehr tief sein. Etwas Hartes. Bin gespannt, was das ist. Sieht aus wie eine Zitrone, nur aus Metall. Unglaublich, das ist ein Schleuderblei. Dann wurde hier gekämpft. Römische Münzen und Schleuderbleie. Hier könnte Arminius tatsächlich Varus geschlagen haben!"

*Der Archäologe Tony Clunn findet römische Schleudergeschosse.*

Tony Clunn (*1946) ist nicht nur ein Offizier der britischen Armee, er ist auch ein begeisterter Hobbyarchäologe. Ganz besonders haben es ihm römische Münzen angetan. Mit seinem Metalldetektor sucht er an verschiedenen Orten in Europa, die einst zum Römischen Reich gehört haben oder die zeitweise von Römern besetzt waren. Einer dieser Orte ist besonders interessant, nämlich der, an dem im Herbst des Jahres 9 n. Chr. der Germanenfürst Arminius (um 17 v. Chr.–21. n. Chr.) die Legionen des römischen Senators Publius Quinctilius Varus (47 v. Chr.–9 n. Chr.) überraschend angegriffen und vernichtend geschlagen hat. Eine schicksalsträchtige Niederlage. Die Römer ließen daraufhin von ihrem Plan ab, ihr Reich weiter nach Norden und Westen auszudehnen. Doch wo genau haben die Germanen die Römer in einen Hinterhalt gelockt und in einer viertägigen Schlacht besiegt? Diese Frage haben sich schon viele Forscher gestellt, ohne eine Antwort zu finden, die sich auch beweisen lässt. Denn die Berichte von Tacitus und anderen römischen Autoren sind alles andere als genau. Dennoch würde Clunn den Ort der Varusschlacht nur zu gerne finden. Da erhält er einen wichtigen Hinweis von einem Osnabrücker Archäologen, der ihn 1987 auf einen Artikel von Theodor Mommsen (1817–1903) aufmerksam macht.

Der Feldherr Varus gab Münzen mit dem Stempel VAR an seine Legionäre aus.

Die sogenannte „Schildkröte" war eine berühmte Angriffsformation römischer Legionäre.

Mommsen ist der berühmteste Altertumswissenschaftler des 19. Jahrhunderts. 1902 erhält er für sein Werk sogar den Nobelpreis für Literatur. Er arbeitet lange als Lehrer und Journalist, bevor er 1852 Professor für römisches Recht in Zürich wird. Zwischen

Der Germanenfürst Arminius

Der Historiker Theodor Mommsen in seinem Arbeitszimmer

1854 und 1856 verfasst er die „Römische Geschichte", ein umfassendes, dreibändiges Werk, das mit der Machtergreifung Caesars endet. Das Werk wird schnell bekannt und Mommsen nach Berlin berufen, wo er eine Stelle als Professor für Altertumskunde annimmt. Als 1892 der **Limes** vermessen und erforscht werden soll, wird Mommsen zum Leiter der Kommission ernannt. Er unterteilt den Limes in Abschnitte, die Nummern erhalten. Die Erforschung der Abschnitte teilt er verschiedenen Forschergruppen zu. Zum ersten Mal wird die römische Verteidigungsanlage wissenschaftlich untersucht. Besondere Aufmerksamkeit richtet Mommsen auf das Römerkastell Saalburg im Taunus. Es war ab dem Jahr 90 errichtet worden und bot Platz für 500 Legionäre und mehr als 1500 Zivilisten. Die Anlage war sehr modern und luxuriös. Sie besaß

**Wissen spezial**

**Limes – eine sichere Grenze**

Der Limes ist ein Grenzwall mit Wachtürmen und Lagern, den die Römer an vielen Grenzen ihres Reiches errichtet haben, um es besser kontrollieren zu können. In Deutschland verlief der Limes auf rund 550 Kilometer Länge zwischen Rhein und Donau und wurde im Jahr 260 fertiggestellt.

Der Limes bestand zum Großteil aus Palisaden und Wachtürmen.

Viele römische Häuser besaßen eine Fußbodenheizung.

mehrere Bäder und eine **Hypokaustanlage**, mit der die meisten Gebäude beheizt wurden. Nicht nur Mommsen ist von den eingeleiteten Ausgrabungen begeistert. Sogar Kaiser Wilhelm II. (1859–1941) reist an, um sich die Anlage anzusehen.

## Mommsen liegt richtig

Mommsen erforscht nicht nur den Limes, sondern befasst sich auch mit der alten Frage nach dem Ort der Varusschlacht. Er sucht nach einem Ort, auf den die Beschreibung von Tacitus passen könnte, an dem auffällig viele Münzen gefunden wurden. Das könnte Kalkriese bei Bramsche, nördlich von Osnabrück sein. Und genau dort findet Tony Clunn nicht nur weitere Münzen, sondern auch Schleuderbleie. „Ich muss sofort die zuständigen Archäologen informieren, damit die Grabungen so schnell wie möglich beginnen können. Wenn wir dieses Mal richtig liegen, wäre die Sensation perfekt.“ Und

**Wissen spezial**

**Heizen mit der Hypokaustanlage**

Ein Hypocaustum ist eine römische Fußboden- und Wandheizung. Mit einer Feuerungsanlage wurde Luft erhitzt und unter die Fußböden der Häuser geleitet. Anschließend strömte die heiße Luft durch Leitungen in den Wänden nach außer.

Römischer Grabstein eines in der Varusschlacht getöteten Legionärs

Römisches Werkzeug aus Kalkriese

Das Hermannsdenkmal im Teutoburger Wald erinnert an die Varusschlacht.

tatsächlich, neben den **Schleuderbleien** stoßen die Forscher schon nach kurzer Zeit auf große Mengen Münzen, und sie finden Waffenreste sowie Knochen von Menschen und Pferden, die über ein großes Gebiet verstreut sind. Außerdem entdecken sie Reste von hastig errichteten Schutzwällen, hinter denen sich die Römer vor den angreifenden Germanen verschanzt haben. Anhand der Münzen und Knochen können die Archäologen feststellen, dass sie genau aus der Zeit der Schlacht stammen. Bald sind

**Thema** **Der wahre Ort der Varusschlacht**

*Die Varusschlacht wurde lange Zeit auch „Schlacht im Teutoburger Wald" genannt, weil der Geschichtsschreiber Tacitus einen Teutoburger Wald erwähnt. Vergessen wurde dabei, dass der heutige Teutoburger Wald seinen Namen erst 1672 von einem Bischof erhalten hat, der sich auf Tacitus beruft. Welchen Wald Tacitus tatsächlich gemeint hat, weiß man also nicht. Daher haben Forscher den Ort der Varusschlacht schon an mehreren Hundert verschiedenen Stellen gesucht, etwa im Harz, bei Hameln oder bei Paderborn.*

Überreste des Hadrianswalls, eines ehemaligen Grenzwalls der römischen Provinz Britannien in Nordengland

sie sich sicher, dass Clunn mithilfe von Mommsens Vermutung sehr wahrscheinlich den Ort der **Varusschlacht** gefunden hat. Die Ausgrabungen dauern bis heute an, um weitere Beweise zu sichern.

## Auch Haithabu wird entdeckt

Doch die Archäologen sind nicht nur auf ehemals römischem Gebiet der Vergangenheit auf der Spur. Zur selben Zeit, als Theodor Mommsen den Limes erforscht, befassen sich Archäologen mit einem ähnlichen Bauwerk in Schleswig-Holstein. Auch dort befinden sich die Reste eines Verteidigungswalls, des Danewerks. Erbaut wurde der Wall nicht von den Römern, sondern von den Dänen, die ihr Land vor Slawen und Sachsen schützen wollten. Da Flüsse und Sümpfe an anderen Stellen ein Vordringen nach Dänemark verhinderten, reichten rund 30 Kilometer Wall aus. Erbaut wurde er ab dem Jahr 700 und diente bis zum Jahr 1200 als Schutz. Der Wall war etwa fünf Meter hoch und trug an einigen Stellen hölzerne Palisaden, an anderen eine bis zu sieben

**Wissen *spezial***

**Gefährliche Schleuderbleie**

Schleuderbleie sind Geschosse für Schleudern, die vor allem von Hilfstruppen benutzt wurden. Die Schleuderbleie erhielten oft Inschriften wie „In die Fresse!" oder „Fang das!". Die römischen Legionäre kämpften mit Speeren und Schwertern.

Forscher untersuchen den Aufbau des Danewerks.

Meter hohe Steinmauer. Auf der ganzen Länge befand sich nur ein Tor, durch das der **Ochsenweg** führte. Am Danewerk lag im Mittelalter Haithabu, die größte Stadt Nordeuropas. Während der Wall noch gut zu erkennen ist, schien Haithabu verschwunden zu sein. Vielleicht, so vermuten einige Forscher, ist die Stadt in der Ostsee oder im Fluss Schlei versunken.

Um diese Frage zu klären, reist Sophus Müller (1846–1934), der Direktor des Nationalmuseums in Kopenhagen, 1897 an die Schlei. Wie so viele Archäologen des 19. Jahrhunderts hat er das Fach nicht studiert, sondern war zunächst Lehrer, bevor er sich der Erforschung der dänischen Vergangenheit zuwandte. Er wandert am Ufer des kleinen Flusses entlang und stößt auf die Reste eines Ringwalls, einer kreisförmigen Wallanlage. Im Inneren des Walls kann er zwar nichts Auffälliges entdecken, doch glaubt er fest, dass hier einst Haithabu gelegen hat. Grabungen kann er allerdings nicht

**Wissen spezial**

**Wo ist der Ochsenweg?**

Der Ochsenweg ist eine alte Handelsstraße, die Schleswig-Holstein mit Dänemark verband. Er verdankt seinen Namen den Ochsen, die Wagen über den damals unbefestigten Boden ziehen mussten. Viele Städte, darunter Flensburg und Schleswig, liegen am Ochsenweg.

durchführen. Das gelingt erst Johanna Mestorf (1828–1909), der schon 72-jährigen Direktorin des Museums für vaterländische Altertümer in Kiel. Auch sie hat nicht studiert, sondern sich alle Kenntnisse selbst beigebracht. Als Wissenschaftlerin ist sie dennoch so erfolgreich, dass ihr das Land Preußen als erster Frau den Professorentitel verleiht. Schon zu Beginn der Grabungen innerhalb des Ringwalls werden Fundamente von Häusern und Tongefäße zutage gefördert, die die Vermutung von Sophus Müller bestätigen: Haithabu, die mächtige dänische Handelsstadt, die im Jahr 1066 zerstört und verlassen wurde, ist gefunden. Nach dem Tod von Johanna Mestorf werden die Grabungen fortgesetzt. Neben vielen Gebäuderesten finden die Archäologen auch den Hafen und ein gesunkenes Wikingerschiff. Heute befinden sich in der ehemaligen Handelsstadt Haithabu ein Wikingermuseum und eine Ausstellung von originalgetreu wiederaufgebauten Häusern. Sie vermitteln einen faszinierenden Eindruck von einem Leben, das 1000 Jahre zurückliegt.

In Haithabu wurden Waffen und Schmuckstücke gefunden.

Nachgestellte Jagdszene im Museumsdorf Haithabu

# Science-Fiction oder Wirklichkeit?

*Forschungsabenteuer Zukunft*

*2007 in Chile*

„Was denkst du? Wie groß ist der Planet?"

„Etwa anderthalbmal so groß wie die Erde. Aber das Beste ist, auf seiner Oberfläche könnten Temperaturen zwischen 0 und 40 Grad Celsius herrschen."

„Dann wäre Wasser dort ja flüssig und Leben möglich!"

„Vielleicht, lieber Kollege, vielleicht."

„Der Planet ist nur 20,4 Lichtjahre von uns entfernt."

„Aber dennoch zu weit, um ihn zu besuchen."

„Eines Tages werden wir es schaffen, solche Entfernungen zu überwinden."

„Schon möglich. Eine Reise dorthin wäre natürlich ein Traum."

„Ich wäre sofort dabei. Wenn wir eine Schatzkarte für das Universum zeichnen sollten, würde dieser Planet ein Kreuz bekommen."

*Xavier Delfosse und Stéphane Udry entdecken einen Exoplaneten.*

Stéphane Udry (*1961) ist ein Schweizer Astronom, der an der Europäischen Südsternwarte auf dem Gipfel des Berges La Silla in Chile arbeitet. Dort gibt es mehrere Teleskope, die einen sehr guten Blick in den Weltraum erlauben, da die Luft besonders sauber und dünn ist. Udry hat sich auf **Exoplaneten** spezialisiert, die mit besonderen Methoden nachgewiesen werden. Bislang sind jedoch nur große Gasplaneten entdeckt worden, die dem Jupiter oder dem Saturn ähneln. Doch im Frühjahr 2007 haben er und sein Team Glück und finden zum ersten Mal einen Planeten, der aus Gestein besteht und entfernt der Erde ähnelt. Er kreist um den Stern Gliese 581 im Sternbild Waage rund 20 Lichtjahre von der Erde entfernt. Die Astronomen geben dem neuen Planeten den Namen Gliese 581 c. Es ist nicht der einzige Planet in diesem weit entfernten Sonnensystem, der die kleine rote Sonne umkreist, die 500-mal schwächer leuchtet als unsere Sonne. Zuvor wurden bereits die Planeten Gliese 581 b und Gliese 581 d entdeckt. Auf diesen

**Wissen spezial**

**Wo gibt es Exoplaneten?**
Exoplaneten sind Planeten außerhalb unseres Sonnensystems. Seit 1995 sind über 250 Exoplaneten in mehr als 215 verschiedenen Sonnensystemen entdeckt worden. Der Nachweis von Exoplaneten und ihre Erforschung sind aufgrund der großen Entfernung sehr schwer.

Die Europäische Südsternwarte in Chile (Südamerika)

Nach Angaben der Astronomen wurde eine Illustration von Gliese 581 c angefertigt.

**Wissen spezial**

**Rover – klein und wendig**
Ein Rover ist ein kleines, automatisches Fahrzeug, das zu Erkundungszwecken eingesetzt wird. Die meisten Rover haben sechs Räder und besitzen verschiedene Messgeräte. Ihre Energie erhalten sie von Batterien oder Solaranlagen.

Planeten herrschen jedoch lebensfeindliche Temperaturen. Auf Gliese 581c aber könnte vielleicht Leben möglich sein. Die Messinstrumente und Methoden der Astronomen reichen allerdings noch nicht aus, dies festzustellen. Auch gibt es noch keine Raumschiffe, mit denen man den neu entdeckten Planeten besuchen könnte. Derartig weite Reisen ins All gibt es nur im Film oder in Büchern. Doch werden sie irgendwann auch in der Realität möglich sein? Dimitar Sasselov, ein Astrophysiker der amerikanischen Havard-Universität, ist davon überzeugt: „Mit völlig neuartigen Raumschiffen, die den Einfluss der Schwerkraft auf den Raum nutzen, werden Menschen in ferner Zukunft andere Sonnensysteme besuchen."

## Reiseziel Mars

Das nächste Ziel im All, das wir schon jetzt erreichen können, ist der Mars. Der Nachbarplanet der Erde wird seit 1965 von der unbemannten Raumfahrt erforscht. 2004 wurden die beiden amerikanischen **Rover** „Spirit" und

„Opportunity" von Sonden auf dem Mars abgesetzt. „Opportunity" hat bis zum September 2007 rund 12 Kilometer auf dem Mars zurückgelegt und festgestellt, dass im Marsboden Wasser vorhanden ist. Andere Sonden suchen bereits nach geeigneten Landeplätzen für bemannte Marsmissionen. Werden tatsächlich eines Tages Menschen den Mars betreten? Manche Wissenschaftler sind davon überzeugt: Zwischen 2020 und 2040 werden Menschen auf dem Mars landen. Die NASA sieht vor, zunächst eine Station auf dem Mond zu errichten und von dort aus zum Mars zu fliegen. Andere Astronomen planen einen direkten Flug. Doch kein Raumschiff kann so viel Treibstoff für eine derartig weite Reise transportieren!

Blick auf das etwa 100 Kilometer lange Marstal

In Science-Fiction-Filmen können Raumschiffe zu fernen Galaxien fliegen.

Futuristische Szene: die Besiedelung des Mars

Wenn jedoch zuerst eine unbemannte Station auf dem Mars landet, könnte diese automatisch aus der Atmosphäre Sauerstoff und Raketentreibstoff für den Rückflug herstellen. Nach einem halbjährigen Flug würden dann die Astronauten mit einem **Habitat** eintreffen. Ihnen blieben anderthalb Jahre Zeit, um auf dem Mars nach Spuren von Leben und Bodenschätzen zu suchen. Dann sind die Positionen der Planeten Mars und Erde wieder so günstig, dass sie die Rückreise antreten könnten. Weitere Astronauten sollen folgen und Siedlungen oder sogar ganze Städte errichten. „Wir werden den Mars besiedeln", verspricht Jesco von Puttkamer (*1933), der langjährige Planungsmanager der NASA.

**Wissen spezial**

**Was ist ein Habitat?**
Einen Wohnraum auf anderen Planeten oder auf dem Meeresboden nennen Wissenschaftler „Habitat". Es sorgt für den benötigten Druck und die Sauerstoffversorgung und enthält Arbeits- und Schlafräume. Vom Habitat aus kann die Umgebung erforscht werden.

## Wohnen auf dem Meeresgrund

Der französische Meeresforscher Jacques-Yves Cousteau (1910–1997) hat ganz andere Zukunftsvisionen. Im Jahr 1962 lässt er im Roten Meer in zehn Meter Tiefe ein ganzes Unterwasserdorf errichten. Es heißt Conshelf III und soll beweisen, dass Menschen längere Zeit unter Wasser wohnen und arbeiten können. Mehrere Wochen leben fünf Forscher in dem Dorf, das aus mehreren Gebäuden besteht.

Jacques-Yves Cousteau war ein bedeutender Meeresforscher.

Cousteau war davon überzeugt, dass in Zukunft ganze Städte auf dem Meeresboden entstehen würden. Denn 70,7 % der Erdoberfläche sind mit Wasser bedeckt und weitgehend unbekannt. Wirklich erforschen kann man die Ozeane und den Meeresboden nach Ansicht von Cousteau und anderen Forschern nur, wenn man im Meer wohnt. Außerdem gibt es im Meer sehr viele Bodenschätze von Erzen bis hin zu **Methanhydrat**, die von der Meeresoberfläche her nicht immer leicht abzubauen sind. Vom Meersboden aus ist dies viel einfacher. Dazu braucht man natürlich geeignete Unterwasserfahrzeuge und Maschinen. Das denkt auch ein amerikanisches Meeresforschungsinstitut und plant den Bau einer großen Unterwasserstation, der Ocean Base. Um zu ihr zu gelangen, braucht man nicht zu tauchen, sondern nur auf einer Plattform oberhalb der Station in einen Fahrstuhl zu steigen, der Forscher und Besucher in die Tiefe bringt.

Noch größer und beeindruckender ist der Plan eines französischen Architekten, der eine 52 Meter hohe, schwimmende Station entworfen hat, die zu

**Wissen spezial**

**Energie aus Methanhydrat**

Methanhydrat besteht aus Eis, in dem das leicht brennbare Gas Methan eingelagert ist. Es befindet sich in 500 bis 1000 Meter Tiefe. Dank des hohen Drucks und der niedrigen Temperatur schmilzt es nicht. Methanhydrat gilt als Energieträger der Zukunft.

Unterwassermusik gehört sicherlich zu den Zukunftsvisionen, die sich nicht realisieren lassen.

zwei Dritteln unter Wasser liegt. Diese Station, „Sea Orbiter“ genannt, soll wie ein Schiff verschiedene Meeresregionen anfahren und dort Beobachtungen unter Wasser ermöglichen. Die Möglichkeiten des „Sea Orbiters“ und ähnlicher Stationen interessieren nicht nur Biologen und Meeresforscher, sondern auch Archäologen. So könnte man auf völlig neue Art und Weise die Suche nach gesunkenen Schiffen und versunkenen Städten beginnen.

### Reise zum Mittelpunkt der Erde

In Windischeschenbach in der Oberpfalz steht ein 83 Meter hoher Bohrturm, der jedoch nicht nach Öl oder Gas bohrt. Vielmehr geht es darum, das Innere der Erde zu erforschen.

**Thema** | **Science-Fiction**

*Die Science-Fiction ist eine literarische Gattung, die im 19. Jahrhundert entstanden ist, in einer Zeit als die Welt immer technischer wurde. Zu ihren Begründern zählen Jules Verne (1828–1905), Herbert George Wells (1866–1946) und Kurt Lasswitz (1848–1910). Die meisten Handlungen von Science-Fiction-Romanen und -Filmen spielen in der Zukunft. Viele Autoren beschäftigen sich ernsthaft mit der Frage, wie ein Leben in der Zukunft aussehen könnte. Manche Ideen werden von der Wissenschaft aufgenommen und weiterentwickelt.*

Bohrturm für Tiefenbohrungen im oberpfälzischen Windischeschenbach

Ein Bohrgestänge für Tiefenbohrungen muss viele Kilometer lang sein.

Es geht um die Fragen, wie sich Druck und Temperatur in der Tiefe ändern. Im Oktober 1994 werden 9101 Meter Tiefe erreicht. Eine russische Tiefenbohrung schafft sogar 14.000 Meter, doch wesentlich tiefer geht es mit der Bohrtechnik nicht. Um ins Erdinnere zu gelangen, müssen neue Methoden erdacht werden. Der neuseeländische Planetologe David Stevenson (*1948) macht 2004 einen unglaublichen Vorschlag: Mithilfe einer Atombombe soll ein winziger Spalt in der Erde geöffnet werden, um anschließend 100.000 Tonnen geschmolzenes Eisen hineinzukippen. Eingebettet in das glühende Eisen wird eine hitzefeste Sonde, die innerhalb einer Woche den Erdkern erreicht und unterwegs mit Schallwellen Messdaten an die Oberfläche sendet. Viele Pläne und Ideen der Forschung klingen wie **Science-Fiction**. Doch die Zeit der Entdeckungen ist noch lange nicht vorbei. Manche Wege und Methoden, die uns heute unwahrscheinlich und fantastisch vorkommen, könnten morgen zum Alltag der neuen Entdecker gehören. Lassen wir uns überraschen.

# Entdeckungen und Expeditionen auf einen Blick

Seit jeher haben Menschen unbekannte Welten erforscht. Diese Zeitleiste stellt 20 spektakuläre Expeditionen berühmter Abenteurer vor. Und noch immer ist das Zeitalter der Entdeckungen nicht abgeschlossen …

Hanno, der Seefahrer, wagt sich hinaus auf den Atlantik.

470 v. Chr.

Marco Polo auf Entdeckungsreise in Asien

1275

Robert F. Scott erreicht den Südpol.

1912

Piloten wagen die ersten Langstreckenflüge über Land.

1919

Howard Carter öffnet die Grabkammer Tutanchamuns.

1922

Roald Amundsen erreicht den Nordpol.

1926

Flugpioniere riskieren erste Transatlantikflüge nach Amerika.

1928

Edmund Hillary bezwingt den Mount Everest.

1953

Jacques Piccard taucht auf den Grund des Marianengrabens.

1960

**1492**

Christoph Kolumbus stößt auf Amerika.

**1520**

Ferdinand Magellan durchschifft die Atlantik-Pazifik-Passage.

**1606**

Willem Jansz betritt als erster Europäer Australien.

**1855**

David Livingstone erkundet Afrika.

**1869**

Abenteurer auf der Jagd nach Dinosaurierskeletter

**1873**

Heinrich Schliemann entdeckt Troja.

**1911**

Alfred Wegener lüftet das Geheimnis der Kontinente.

**1961**

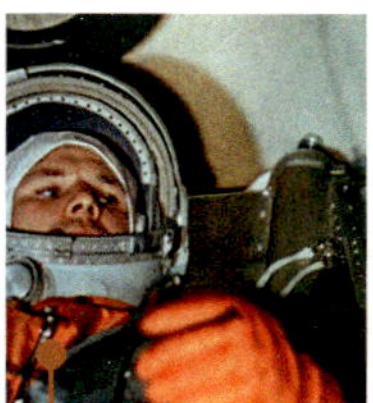

Juri Gagarin unternimmt den ersten Flug ins All.

**1976**

Die erste Sonde landet auf dem Mars.

**1988**

Tony Clunn stößt auf den Ort der Varusschlacht.

**Zukunft**

Entdecker reisen in ferne Sonnensysteme?

# Register

Im Register sind Personennamen und Sachbegriffe verzeichnet. Fett gedruckte Seitenzahlen bedeuten: Zu diesen Einträgen gibt es Lexikonboxen (Wissen spezial oder Thema).

# Bildquellennachweis

aisa, Archivo iconográfico, Barcelona 17, 21, 33, 34, 43, 50, 55, 66, 70, 100, 100, 107, 142
akg-images, Berlin 28, 31, 37, 42, 65, 98, 156
Archiv Waldmann, Stuttgart 26
Australian Tourist Commission, ATC, Frankfurt am Main 76
Bibliographisches Institut & F. A. Brockhaus, Mannheim 9, 11, 43, 49, 62, 69, 73, 77, 103, 105, 116, 145
© CORBIS/Royalty-Free 4, 14, 19, 40, 47, 47, 49, 85, 93, 101, 121, 121, 124, 140, 143, 169
De Agostini Editore Picture Library
© DeA Picture Library 20, 29, 51, 54, 108, 157
Deutsches Schifffahrtsmuseum, Bremerhaven 10
C. Elsler, Historisches Farbarchiv, Norderney 13
Prof. W. Fritz, Köln 55
GEOSPACE/World Sat International Corp.2000 72, 169
Dr. Georg Gerster, Zumikon, Schweiz 92
H. Kahnt, Naunhof 41
Kessler-Medien, Saarbrücken 6, 112, 156, 168
Keystone Pressedienst, Hamburg 154
Klassik Stiftung Weimar 74
Dr. R. König, Preetz 49, 51, 75
Kulturgeschichtliches Museum, Osnabrück 153
S. LAYDA, Fotodesign, Berlin 48, 169
F. K. Frhr. von Linden (†) 79
Prof. Dr. H. Matthäus, Nürnberg 71
McCluskey & Associates, Kronberg 45
MEV Verlag, Augsburg 12, 92, 117
NASA Glenn Research Center (NASA/GRC) 161, 164
NASA/JPL/RPIF/DLR 146
NASA/JPL/NIMA 14
NASA/Maas Digital LLC 162
Bildarchiv Okapia, Frankfurt am Main 7, 129, 131, 133
picture-alliance/akg- images, Frankfurt am Main 4, 4, 5, 10, 15, 16, 17, 20, 22, 24, 25, 25, 27, 29, 30, 32, 36, 36, 38, 39, 42, 44, 49, 50, 50, 52, 54, 59, 65, 68, 69, 74, 82, 102, 105, 109, 110, 110, 117, 120, 123, 123, 129, 136, 137, 153, 156, 156, 157, 159, 159, 168, 168, 169, 169, 169
picture-alliance/Bildagentur Huber, Frankfurt am Main 5, 5, 8, 11, 33, 37, 41, 42, 65, 168
picture-alliance/dpa, Frankfurt am Main 3, 4, 5, 6, 7, 7, 9, 12, 18, 23, 23, 26, 34, 34, 41, 45, 57, 58, 60, 60, 61, 62, 64, 68, 70, 77, 78, 79, 80, 81, 82, 83, 84, 85, 87, 89, 89, 89, 90, 91, 94, 95, 97, 98, 99, 99, 101, 102, 106, 108, 113, 114, 115, 115, 116, 116, 119, 125, 126, 126, 127, 127, 129, 132, 134, 135, 137, 137, 138, 139, 139, 140, 140, 141, 142, 144, 145, 145, 146, 146, 147, 147, 148, 148, 149, 149, 150, 150, 150, 151, 151, 152, 153, 153, 154, 155, 158, 158, 159, 160, 161, 162, 163, 163, 165, 165, 166, 166, 167, 169, 169, 169, 169
picture-alliance/epd, Frankfurt am Main 122
picture-alliance/IMAGNO/Schostal Archives, Frankfurt am Main 97
picture-alliance/91020/UA/WHA, Frankfurt am Main 6, 59, 100, 125, 130
picture-alliance/kpa photo archive, Frankfurt am Main 20, 28, 30, 52, 53, 63, 66, 67, 68, 71, 81, 86, 88, 90, 91, 94, 94, 97, 100, 104, 105, 107, 108, 109, 111, 113, 114, 119, 121, 124, 130, 168, 168
picture-alliance/Helga Lade Fotoagentur, Frankfurt am Main 7, 124
picture-alliance/MaxPPP, Frankfurt am Main 6, 29, 33, 35, 58, 96, 103, 106, 128, 130, 132, 135, 168, 168
picture-alliance/Bildarchiv Okapia, Frankfurt am Main 43, 46, 56, 57, 57, 58, 61, 63, 73, 76, 81, 82, 84, 86, 118, 131, 167, 169
picture-alliance/NHPA/Photoshot, Frankfurt am Main 10
picture-alliance/Photoshot, Frankfurt am Main 17, 19
picture-alliance/Picture Press/Heide und Erich Wilts, Frankfurt am Main 107
picture-alliance/Sven Simon, Frankfurt am Main 164
picture-alliance/Stockfood, Frankfurt am Main 21
thepicturedesk, London 46
Prof. Dr. U. Sinn, Würzburg 15
wildlife 132
Bibliographisches Institut & F. A. Brockhaus, Mannheim/Prof. Dr. H. Wilhelmy (†) 9

**Umschlagabbildungen** aisa, Archivo iconográfico, Barcelona: Hieroglypheninschrift – © CORBIS/Royalty-Free: Aborigine, Doppeldecker-Propellermaschine – picture-alliance/Bildagentur Huber, Frankfurt am Main: Hölzernes Pferd – picture-alliance/dpa, Frankfurt am Main: Nordpolexpedition, Kamel-Karawane, Apollo 15 – picture-alliance/kpa photo archive, Frankfurt am Main: Schiff, Luftschiff „Norge“, Astronaut Edward H. White

LIVEDABEI

## Ruhmreiche Gladiatoren und mächtige Herrscher

20 sensationelle Ereignisse der antiken Welt

*Die Männer, die sich 1184 v. Chr. auf der Peleponnes versammeln, werden von Agammenon auf den bevorstehenden Angriff eingestimmt: „Nieder mit Troja!“ Doch wie lange dauerte der Trojanische Krieg eigentlich? Und wer hatte die Idee mit dem Trojanischen Pferd?*

Dieser Band stellt 20 wegweisende Ereignisse der Antike vor: von der ersten europäischen Hochkultur auf Kreta bis zum Niedergang der Weströmischen Reichs.

Text von Holger Sonnabend
Mit mehr als 300 Fotos
Gebunden, 176 Seiten

*Ab 11 Jahren*
ISBN 978-3-407-75341-0

Beltz & Gelberg und Der Jugend Brockhaus

LIVEDABEI
Geniale Denker
und clevere Tüftler
20 bahnbrechende Erfindungen
der Menschheit
In Zusammenarbeit mit DER JUGEND BROCKHAUS
BELTZ
& Gelberg